미디어워치 세계 자유·보수의 소리 총서 ⑧

KB065560

Magic Weapons :

China's political influence activities under Xi Jinping

마법의 무기,

뉴질랜드에 침투한

중국 공산당

시진핑 정권하 중국의 정치 공작 활동

앤-마리 브래디 Anne-Marie Brady 지음

김동규 옮김

미디어워치

Magic Weapons :

China's Political Influence Activities Under Xi Jinping

by Anne-Marie Brady

1.
이 책은 원 저자 앤-마리 브래디 교수의 2017년도 발표 논문 'Magic Weapons : China's Political Influence Activities Under Xi Jinping'을 기반으로, 원 저자와 협의를 통해 원 저자의 다른 논문들인 ▲ 'Exploit Every Rift: United Front Work Goes Global'(Party Watch Annual Report 2018), ▲ 'On the Correct Use of Terms'(ChinaBrief May 9 2019), ▲ 'Holding a Pen in One Hand, Gripping a Gun in the Other'(Wilson Center - Asis Program - Kissinger Institute on China and the United States July 2020), ▲ 'Magic Weapons and Foreign Interference in NZ'(Policy Quarterly - Volume 17, Issue 2 - May 2021) (이 책 제7장 전체)의 최신 내용을 반영한 것이다. 후주(後註)가 아닌 내주(內註)는 모두 원 저자 다른 논문들의 출처이다.

2.
'중국(中國)'과 '중공(中共)'은 구분되는 개념이지만, 여기서는 굳이 엄격히 구분해서 쓰지 않았다. 이 책에서 언급되는 '중국'이나 '중공'은 모두 정치 실체로서의 '중화인민공화국', '중국 공산당 정부', '중국 공산당 조직'을 가리키고 있다.

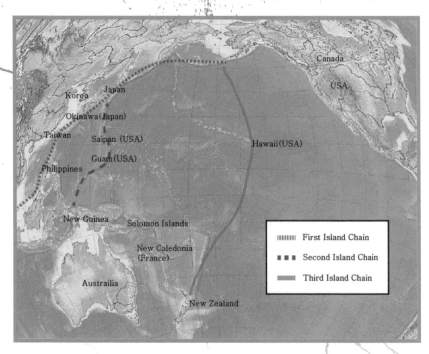

왼쪽부터 차례로 '제1열도선', '제2열도선', '제3열도선'이다. 솔로몬 제도는 '제 2열도선'과 '제3열도선' 사이에 있으며 뉴질랜드는 '제3열도선'의 끝에 있다. (위키 지도 중 Uwe Dedering 의 작품을 변형하여 만든 것)

추천사

　중국 공산당의 호주 침투 전복 공작 문제를 다룬 내용으로 2021년 상반기에 한국에도 번역 발간된 책 『중국의 조용한 침공(Silent Invasion)』은 비슷한 시기 공영방송인 KBS가 그 내용을 대대적으로 조명했을 정도로 큰 반향을 일으켰다. 저자인 클라이브 해밀턴(Clive Hamilton) 교수는 자신의 책에 지적으로 큰 영향을 준 이들 중에 한 사람으로 바로 옆 나라인 뉴질랜드에서 자기보다 앞서 중국 공산당 침투 문제를 고발한 학자인 앤-마리 브래디(Anne-Marie Sharon Brady) 교수를 꼽았다.

　　"사실 베이징은 뉴질랜드와 더불어 호주를 서구 진영의 '약한 고리' 즉, 미국의 국제적 영향력을 무너뜨리는 전략을 시험하고 시진핑의 중국몽을 실현하는 데 도움이 될 이상적인 장소로 본다. ... 앤-마리 브래디가 중국이 뉴질랜드에 펼친 통일전선 공작을 상세히 설명했는데, 어찌 보면 호주에서 펼친 활동보다 더 진보적이고 저항도 덜 받았다." (『중국의 조용한 침공』 57쪽, 61쪽)

　사실상 『중국의 조용한 침공』의 프리퀄이라고 할만한 논문을 2017년도에 발표하며 이 분야 연구의 선구자로 떠오른 학자인 앤-마리 브래디 교수는 현재 뉴질랜드 남섬의 크라이스트처치(Christchurch) 시에 소재한 캔터베리대학교(University of

Canterbury) 정치학 및 국제관계학과에서 정교수로 복무 중이다. 그녀는 중국 정치, 남극 관련 국제정치, 뉴질랜드 외교정책, 태평양 지역 정치 등을 주 전공 분야로 하고 있는데, 뉴질랜드 왕립학회(The Royal Society of New Zealand)의 펠로우로 선정됐음은 물론, 미국 우드로 윌슨 센터(Woodrow Wilson Centre)의 글로벌펠로우 및 호주의 호주전략정책연구소(Australian Strategic Policy Institute)의 시니어펠로우로도 역시 같이 선정됐을 정도로 특히 중국 문제에 대해선 국제적 대가로 손꼽히고 있다.

뉴질랜드는 세계에서 네 번째로 넓은, 막대한 해양 영토를 보유하고 있다. 하지만 뉴질랜드는 인구가 고작 5백만 명에 불과한 약소국이기도 하다. 이에 뉴질랜드는 서방의 국제규범이 아니라면 자국이 주장하는 영토권 등을 포함한 주권을 강대국으로부터 온전히 존중받기가 어렵다. 하지만 그럼에도 불구하고 뉴질랜드는 서방의 국제규범을 무시하고 있는 중국을 추종하는 발언과 행동을 언제부턴가 계속해서 보여왔다. 뉴질랜드가 그런 자해에 가까운 일을 해왔던 이유가 무엇일까. 뉴질랜드를 그렇게 타락시킨 힘, 그것이 바로 중국 공산당 '마법의 무기', 곧 통일전선공작임을 앤-마리 브래디 교수는 이 책 『마법의 무기, 뉴질랜드에 침투한 중국 공산당(Magic Weapons : China's political influence activities under Xi Jinping)』을 통해 고발하고 있다.

뉴질랜드를 타깃으로 노린 중국 공산당의 '통일전선'

중국의 외교 정책 중에 핵심 개념인 '통일전선(統一戰線, United Front)'은 공산당이 아닌 세력을 우군으로 만들어 인정과 묵인을 이끌어내는 레닌의 전략전술에서 유래한 것이다. 이는 한 사회 조직의 유력 인사 매수, 정보 관리와 선전 공작, 그리고 전략정보 자원에 대한 접근 등을 총망라하는 것으로, 사실상 공산당 첩보활동의 핵심 수단이라고 할 수 있다. 앤-마리 브래디 교수는 본서를 통해 특히 시진핑 집권 이후에 중국 공산당의 전 세계 여론 지도층과 정치엘리트를 대상으로 한 통일전선공작이 전례없는 수준으로 확대, 강화되었음을 지적하고 있다. 그러면서 그녀는 이것이 특히 뉴질랜드에서는 중국계 교민사회와 중국계 정치인과 언론매체 장악 등은 물론, 비중국계 정치인들에 대한 매수 등의 형태로 나타났고, 결국 뉴질랜드 현지인들의 표현, 결사, 종교의 자유까지 위협하는 수준으로 치달았음을 조목조목 밝히고 있다.

중국이 하필 뉴질랜드를 세계적 통일전선공작의 시금석으로 삼은 이유가 무엇인가. 뉴질랜드가 호주와 더불어 남태평양에서 주도권을 갖고 있는 국가라는 점, 그리고 남극 대륙에 가장 가까운 주요국이면서 관련 강한 기득권을 갖고 있다는 점, 청정한 자연환경과 값싼 경작지를 갖고 있다는 점 등이 손에 꼽힌다. 무엇보다도 뉴질랜드는 앵글로색슨 국가로서는 독특하게도 중국계가 인구의 5% 이상을 차지하며 나름의 위상을 갖고 행세할 수가 있는 나라다.

사실, 2000년대 들어서 뉴질랜드에 이민자를 가장 많이 보내고 있는 나라가 중국이다. 또한 경제 문제로도 뉴질랜드는 원거리에 있는 중국에 크게 의존하고 있는 상황이기도 하다. 2018년도 기준 뉴질랜드의 최대 수출국은 중국으로 그 규모는 전체 수출량의 4분의 1에 달할 정도다. 뉴질랜드는 서구 선진국 중 처음으로 중국과 자유무역협정(FTA)을 체결했으며 일대일로 관련 협약도 가장 먼저 맺었다. 현재 뉴질랜드의 유제품 시장과 부동산 시장, 관광 시장은 중국인들이 움직이고 있다고 해도 과언이 아니다. 이런 나라를 중국이 어떻게 놓칠 수 있겠는가.

결정적으로, 뉴질랜드는 제2차 세계대전 이후 미국, 영국, 캐나다, 호주가 함께 결성한 이른바 파이브아이즈 첩보 동맹의 일원이기도 하다. 이들 5개국은 서로 신호정보와 인적정보를 공유하고 있으므로 이들 중 한 나라에만 침투하면 다른 4개국의 정보망에도 모두 접근이 가능하다. 안보이익 측면에서도 중국이 파이브아이즈 중에서 가장 약소국인 뉴질랜드를 최우선으로 공략하지 않는다면 그게 더 이상한 일인 것이 아닐까. 이런 공략을 통해 결과적으로 뉴질랜드가 최종적으로 파이브아이즈에서 이탈하는 일이 발생하더라도 미국 주도 앵글로색슨 국가들의 결속력을 훼손시킬 수 있다는 점에서 중국에 있어선 뉴질랜드는 안성맞춤인 공작 타깃이 아닐 수 없다.

뉴질랜드는 '통일전선'에 의해 어떻게 잠식되었는가

중국 공산당의 뉴질랜드 침투 공작에 있어서 핵심 터전은 이미 뉴질랜드 현지에서 유권자 집단으로 상당한 위상을 확보하고 있는 중국교포(화교) 사회다. 애초 중국 본토의 여러 지역은 물론, 대만, 홍콩, 싱가포르 등에서 기원하여 다양한 정치 성향을 띠었던 뉴질랜드 화교 사회는 시진핑 집권을 전후로 중국 대사관, 영사관 등 통일전선 공작기관에 의해 감시, 조종을 당하며 결국 그 주류가 중국 공산당이 주도하는 중화인민공화국에 대한 일방적 지지 세력으로 변모하게 됐다. 오늘날 이들은 중국 공산당의 의제를 지지하는 중국계 정치 후보자에 대한 모금 활동과 집중적 투표를 통해 뉴질랜드 정치를 좌지우지하며 중국의 외교 정책을 뉴질랜드에서 구현하는데 앞장서고 있다.

그렇게 중국 공산당이 빚어낸 뉴질랜드의 제도권 정치 현실은, 역시 중국의 정치적 자장권(磁場圈)에서 자유로울 수 없는 나라인 우리 한국에서 보더라도 심각한 수준이라고 하지 않을 수 없다. 바로 얼마전까지도 중국 공산당 출신, 그것도 중국 인민해방군 군사정보 계통에서 15년간이나 일한 전력이 있는 자가 신분을 세탁해 뉴질랜드 국회에 당당히 진출한 사건까지 벌어졌었기 때문이다. 양젠(杨健, Yang Jian) 의원의 사례로, 양젠 의원은 아이러니하게도 뉴질랜드의 보수당인 국민당에서 정치활동의 터전을 닦았고, 국민당의 주요 조직 책임자이자 자금 모집원 역할까지 했다. 레이몬드 후오(Raymond Huo) 의원의 사례는 내용적으로 더 심각하다. 레이몬드 후오 의원은 뉴질랜드의 진보당인 노동당의 중국계 정치인으로, 통일전선 조직과 공공연히 협력해왔다. 그는 "중국인"의 입장에서 뉴질랜드에서 중국의 티베트 정책을 대변하겠다고 노골적으로 말하는가 하면, 시진핑의 정치구호를 뉴질랜드 노동당 선거 운동에 사용토록 하게 했다. 이들 중국계 정치인들을 또한 통일전선과 연루된 뉴질랜드의 중국계 기업, 상공회의소 등이 경제적으로 물심양면으로 지원해왔는데, 이에 이미 뉴질랜드 국회에는 중국 공산당 당세포 조직 구축이 완성됐다고 보는 분석까지 나왔다(참고로, 한국은 국가정보원(NIS)이 정보요원(IO) 제도를 폐지하면서 더 이상 국내 정보 수집 활동 자체를 하지 않고 있다. 일찍이 2014년부터 국회·정당·언론사에 대해선 국정원 정보요원의 출입도 금지되었었기에, 이 영역에서 중국, 북한에 의한 침투 전복과 관련해 국가 방첩 기관들의 정보가 얼마나 제대로 확보되어 있는지, 북한 태생 화교로 서울시 공무원까지 했던 유우성(본명 리우찌아강) 씨와 관련 간첩 의혹이 불거지기도 하는 등 뭔가 미심쩍은 일들이 벌어지고 있는 만큼, 한국이 뉴질랜드보다 덜 심각한 상황인지 어떠한지 뭐라 단언할 수도 없는 상황이다).

중국 공산당의 타깃은 물론 중국계 정치인만이 아니다. 중국 공산당은 중국계 정치인 포섭으로는 모자랄 경우에는 비중국계 정치인을 매수해 정치적 목적을 달성키도 한다. 전형적인 수법은 현재 유력 정치인과 인맥이 닿는 이(주로 전직 고위급 정치인)와 그 가족들을 중국의 국영은행들은 물론 뉴질랜드 현지 중국 기업이나 중국 자금을 지원받는 단체의 고위직에 임명해주는 것이다. 자택 지분을 중국 공산당이 사줬다는 의혹까지 받고 있는 존 키(John Key) 전 총리가 대표적인 사례다. 제니 쉬플리(Jenny Shipley) 전 총리도 퇴임 이후 중국 건설은행(中国建设银行) 뉴질랜드 지부 회장과 중국에 본사를 둔 유제품 기업 오라비다(Oravida) 사의 이사장을 지냈다. 중국 공산당은 이른바 '시골을 먼저 점령하여 도시를 포위한다'는 마오쩌둥의 오래된 교리에 따라 지방정부도 적극 공략한다. 중앙정부 소속 기관들은 외교 문제에 대한 지식과 사명감이 있지만 지방정부는 그렇지 않다. 국가적 비전이 약한 만큼 지방정부는 중앙정부와 비교해보면 중국의 '일대일로(一帶一路)'에 대한 참여 의지도 더 크며, 이는 뉴질랜드에서 지방과 중앙간 갈등을 일으키는 한 요인으로도 작용한다. 뉴질랜드일대일로 추진위원회 회장인 밥 하비(Bob Harvey) 전 와이타케레(Waitakere) 시 시장의 경우가 대표적인 경우인데, 이는 한국으로 치면 광역시나 특례시급 시장이 친중 공작원이 되어버린 것과 같다고 할 것이다.

언론 공략도 통일전선공작에 있어서 중요한 과제다. 중국 공산당은 뉴질랜드의 화교 사회에 영향력을 행사하는 것과 마찬가지로 뉴질랜드의 화교 언론에도 적극적으로 영향력을 행사했다. 뉴질랜드의 중국어 매체들은 중국 국영언론사로부터 콘텐츠 제휴 관계를 맺고 그들로부터 모든 콘텐츠를 제공받는다. 이로 인해 뉴질랜드 화교는 중국이 아닌 뉴질랜드 현지에서도 중국어로 된 신문을 읽으면 뉴질랜드 현지의 시각이 아닌 중국 본토의 시각에 기초한 비슷한 사설을 보게 된다. 뉴질랜드의 영어 매체들이라고 사정이 특별히 더 나은 것도 아니다. 상당수 광고주들이 이미 중국과 비즈니스 관계로 얽혀있으며, 광고주로부터 자유로울 수 없는 매체들도 역시 마찬가지여서 친중 보도가 계속 이어져 왔다. 뉴질랜드의 일선 기자들은 중국 대사관들로부터 공공연하게 취재 비용을 지급받아오기도 했다고 한다.

뉴질랜드의 대학교들 역시 통일전선공작의 대상에서 빠질 수 없다. 중국 대사관, 영사관 등에 의해 통제받고 있는 중국계 유학생들 조직은 뉴질랜드의 대학들이 신장위구르, 티베트, 홍콩 등 중국의 인권 문제와 관련해 비판적 목소리를 낼 수 없도록 압박을 가하는 일에 몰두한다. 서방의 최첨단 기술이나 정보가 뉴질랜드의 대학교들을 매개로 중국으로 탈취될 수도 있는 위기 상황이지만, 속수무책이다. 호주와 마찬가지로 뉴질랜드의 대학교들은 중국계 유학생이 주수입원인 상황이기 때문이다. 이미 뉴질랜드의 유학생 3명 중에 1명은 중국계다.

공교롭게도 중국 공산당에 의한 이러한 뉴질랜드 잠식 상황을 고발한 앤-마리 브래디 교수는 본인도 역시 한 사례근거가 되는 방식으로 본인 연구의 진실성을 증명케 된다. 바로 본서 내용의 기반이 되는 동명의 논문을 발표한 직후인 2018년초 그녀의 연구실과 자택에 중국 공산당 관계자인 것으로 보이는 절도범이 침투하는 일이 잇따라 발생했기 때문이다. 절도 사건이 발생하기 전에 그녀는 익명의 편지 한 통을 받는데 편지 내용은 베이징의 공식노선을 따르지 않는 사람들에 대한 보복 조치를 상세히 열거하는 것이었다. 거기에는 "다음 차례는 당신이다"라는 문구도 있었다. 이 절도 사건은 맥락상 그 심각성으로 인해 인터폴은 물론, 저신다 아던 총리까지 공개적 관심을 표명했을 정도로 뉴질랜드 사회를 뒤흔들어 놓았다. 당사자로서 패닉을 겪을만도 했지만 오히려 앤-마리 브래디 교수는 꼿꼿

한 자세를 견지하면서 "중국에 체류할 당시 여러 차례 비슷한 사건을 겪었기 때문에 그다지 놀랍거나 두렵지 않다"면서 "내가 연구하는 주제가 바로 이러한 중국 공산당의 침투 수법"이라고 말하고 있다.

한국에도 한 모델이 될 수 있는 뉴질랜드의 중국 대응 경험

한국은 미국의 오랜 동맹이긴 하지만 오늘날 미중패권경쟁시대에 미국의 시각으로만 중국을 바라볼 수 없는 입장이다. 중국의 편에 서야 한다는 것이 아니라, 패권국이 아닌 한국으로선 미국과 완전히 똑같은 입장으로 중국을 대할 수는 없다는 말이다. 중국에 대한 대응에 있어서 한국이 눈여겨봐야 할 나라는 비슷한 입지와 위상을 갖고 있는 자유민주국가들인 뉴질랜드, 대만, 캐나다, 호주와 같은 중견국(middle-country)이다. 이들 나라는 다들 중국에 크게 휘둘려보고 또 그에 따라 자유민주적 가치의 훼손도 겪어봤다. 이를테면 뉴질랜드는 2000년대에 내내 친중적 면모를 보여왔었는데 2019년에 화웨이(Huawei) 퇴출 검토 의사를 밝혔다가 중국인 관광객들이 뉴질랜드 방문을 대거 취소하고, 또 상하이에선 에어뉴질랜드 항공기 착륙이 불허되는 등 큰 불이익을 겪었던 적이 있다. 우리의 사드(THAAD) 사태가 떠오른다는 이들이 분명 많을 것이다.

중견 자유민주국가들은 중국 공산당이라는 '괴물'에 궁극적으로 어떻게 맞서야 하는 것일까. 이 역시 뉴질랜드의 앞선 저항과 투쟁의 경험이 주는 시사점은 크다. 뉴질랜드는 앤-마리 브래디 교수 등의 고언을 받아들여 냉전 초기 조지 케넌(George Kennan)이 미국이 소련에 어떻게 맞서야 하는지를 얘기하면서 제창한 개념인 '회복력(resilience)'에 주목했다. 조지 케넌은 '긴 전보(Long Telegram)'에서 이렇게 말했다. "무엇보다 중요한 것은 우리 사회의 건강과 활력입니다. 세계 공산주의는 당신의 질병을 먹고 사는 악성 기생충과도 같습니다. 이는 곧 대내정책과 대외정책이 만나는 지점이기도 합니다. 즉 우리 사회 내부 문제를 해결하기 위한, 자신감과 규율, 의욕 및 공동체 정신을 개선하려는 그 모든 용감하고 예리한 조치들이야말로 바로 수천 장의 외교문서나 공동성명에 버금가는 외교적 승리인 것입니다. 우리 사회의 결핍에 대한 체념은 갖다버려야 합니다."

앤-마리 브래디 교수의 문제적 논문 발표 이후, 뉴질랜드안보정보청(NZSIS)은 2018년에 발간한 연례보고서를 통해 외세(중국)에 의한 정치공작 움직임이 있음을 최초로 공식적으로 인정했다. 같은해 뉴질랜드 외무부 장관은 '피서픽 리셋(Pacific Reset)'이라는 새 외교정책 방향을 밝히면서 남태평양에서 뉴질랜드의 주도권을 재확립하겠다고 밝혔다. 뉴질랜드는 이후 중국을 사실상 겨냥한 파이브아이즈 공동성명서에도 동참했고, 태평양제도포럼(Pacific Islands Forum) 가입국들(호주, 피지, 마샬제도, 나우루, 팔라우, 프랑스령 폴리네시아 등)과 함께 지역 안보와 관련된 선언에도 함께 했다. 5G 네트워크에서의 화웨이 배제 검토도 들어갔다. 일대일로 참여 문제는 아예 관련 국가적 논의 자체가 중단됐다. 또한 중국의 제도권 정치 개입을 막는 중요한 조치로서, 사실상 여야 만장

일치에 의한 외국인 정치기부 제한 법안도 통과됐다. 최근에는 저신다 아던 총리가 조심스럽게 위구르족 인권 상황 문제에 대해서 공개 발언을 하기도 했다.

앤-마리 브래디 교수는 중국 공산당의 통일전선에 맞서기 위한 중견 자유민주국가들끼리의 '통일전선' 구축도 반드시 필요하다고 말한다. 어떤 사람이 계획적인 괴롭힘을 당한다면, 그것을 멈추기 위해서는 반드시 주변 사람들이 함께 목소리를 내고 공격을 당하고 있는 사람 편에 서줘야 하며 이는 국가의 경우도 마찬가지라는 것이다. 얼마전 나토 정상회의에서 대중국 견제의 일환으로 뉴질랜드를 포함해 한국, 일본, 호주가 초청받았고, 4자가 별도 정상회담을 가졌다. 중국의 위협 문제에 대한 태평양 지역 중견 자유민주국가들끼리의 이러한 다자틀적인 대응 논의가, 향후 대만을 포함하여 각국의 안보관계자들 뿐만 아니라 각국의 기업인, 학자, 시민단체 인사끼리도 폭넓게 이뤄져야 한다.

각국이 자국의 화교 사회에 대해 더 애정을 갖고 들여다보는 일도 있어야 할 것이다. 애초에 중국 공산당이 해외 화교 사회를 최우선 공작 대상으로 삼았던 이유는 해외 화교 사회가 중국의 정치적 변화의 온상이자 거점이 될 우려가 있었기 때문이다. 중화민국의 초대 총통이었던 쑨원(孫文)부터가 신해혁명을 일궈내기 전까지 대부분의 기간을 해외에서 머물면서 중국 바깥 화교 사회의 도움을 받아왔던 인사다. 뉴질랜드를 포함한 민주국가들은 자국의 화교사회를 민주적으로 북돋우면서 중국의 민주화운동을 이끌 '제2의 쑨원'을 길러낼 수도 있다고 앤-마리 브래디 교수는 고언하고 있다. 화교와는 다소 다르지만 역시 조선계 혈통 중국인 문제에 대한 고민이 많은 한국도 귀기울여 봐야 할 고언이 아닐 수 없다.

한국과 뉴질랜드의 관계는 운명이다

중국의 야심은 뉴질랜드 잠식 정도가 아니라 이미 남태평양 전체 장악에까지 뻗어나간지 오래다. 실제로 우크라이나-러시아 전쟁에 세계 이목이 쏠려있는 사이 올해 4월 중국은 뉴질랜드 바로 윗편 남태평양 솔로몬제도와 안보협정을 맺으면서 뉴질랜드는 물론이거니와 호주와 미국에도 큰 충격을 줬다. 안보협정의 세부 내용이 공개되지 않았지만, 핵심은 중국이 자국민 보호 등의 명분으로 해당 지역에 군대를 파견할 수 있는 조항이 포함됐다는 것이다. 중국은 뉴질랜드 주변 남태평양 지역을 미국이 설정한 '제1열도선', '제2열도선'을 단번에 뚫을 수 있는 탈출로이자, 대만, 한국 등 아시아 각국과 관련한 입지를 강화할 교두보로 보고 있다. 태평양 각 섬나라들이 갖고 있는 배타적경제수역 면적을 다 합치면 현재 중국이 갖고 있는 전체 배타적경제수역 면적의 여섯 배가 넘는다고 한다. 이들 섬나라들은 하필 대부분 약소국이다. 중국의 야심을 이대로 보고만 있는다면 남태평양 전체가 남중국해 신세가 되지 않는다는 보장이 없다.

한국은 뉴질랜드 안팎의 안보 위기를 한국 안팎의 안보 위기처럼 받아들여야 한다. 뉴질랜드를 포함한 남태평양이 뚫리면 대만과 한국, 일본은 어차피 자동으로 중국의 세력권에 들어갈 수 밖에 없기 때문이다. 아울러 이와 함께 우리가 꼭 깊이 생각해봐야 할 것은 뉴질랜드와 한국의 깊은 관계다. 뉴질랜드는 호주, 캐나다와 더불어 미국을 제외한 한국인들에게 제1순위 이민 선호 국가로, 이미 3만명(2013년 기준)의 우리 동포가 살고 있는 나라다. 실제로 뉴질랜드 주요 도시인 오클랜드, 웰링턴, 크라이스트처치 모두에 한인회가 있으며, 교민 대상 한국어 신문(『뉴질랜드타임즈』)까지 발행되고 있다. 뉴질랜드는 한국계 5선 국회의원 멜리사 리(Melissa Lee, 이지연)를 배출한 나라이며, 전설적인 한국계 골퍼인 리디아 고(Lydia Ko, 고보경)를 배출한 나라이기도 하다.

실은 우리가 뉴질랜드와 처음으로 인연을 맺게 된 계기가 바로 한반도 최대의 안보위기였던 한국전쟁이다. 뉴질랜드는 자기들과 이전에 아무런 인연도 없었던 극동의 한 작은 나라를 지켜주기 위해 목숨을 내건 군인들을 아무런 조건도 없이 파병해줬다. 당시 뉴질랜드 국회는 만장일치 결의로 개전 나흘만인 1950년 6월 29일에 참전을 결정했다고 한다. 뉴질랜드군은 인원으로는 총 6천여 명이 참전해 가평전투를 비롯한 마량산 전투와 고왕산 전투, 그리고 후크고지 전투 등을 수행했다. 부산의 유엔기념공원에는 지금도 30여 명의 뉴질랜드군 전사자가 묻혀있다.

한국에서 한때 MT송으로도 널리 사랑받았던 노래인 '연가(戀歌)'는 실은 뉴질랜드군이 한국전쟁 기간 동안 불렀던 마오리족 원주민 노래인 '포카레카레 아나(Pokarekare Ana)'에서 유래한 것이다. "비바람이 부는 와이아푸의 바다는 그대가 건너오게 되면 잔잔해질 것"으로 시작하는 노래 가사는 중국의 패권 확장 문제로 크게 요동치고 있는 태평양, 이를 사이에 둔 한국과 뉴질랜드의 운명적 관계를 새삼 되새기게 한다.

최대집
자유보수당 창당추진위원회 위원장
(제40대 대한의사협회 회장)

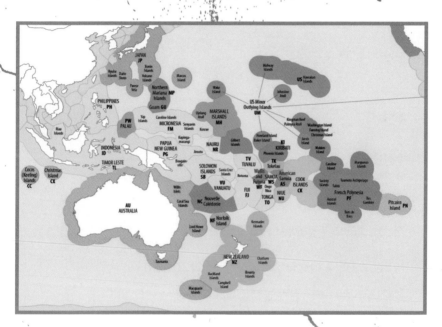

태평양 각 도서 국가들의 배타적 경제수역(Exclusive Economic Zones, EEZ) 넓이.

© Maximilian Dörrbecker

목 차

2014년 9월, 시진핑은 연설을 통해 통일전선공작(정치 공작 활동)의 중요성을 역설하면서 이를 중국 공산당의 '마법의 무기(법보·法寶)'라고 일컬었다. 중국 공산당 정부의 해외 공작 활동은 시진핑 정권하에서 급격히 활발해졌다. 중화인민공화국(중공)의 해외 공작 활동은 해당 타깃 국가의 주권과 정체성을 붕괴시킬 만한 잠재력을 지니고 있다.

본 논문은 2017년 9월 16일에서 17일까지 미국 버지니아주 알링턴(Arlington)에서 대만민주화재단(Taiwan Foundation for Democracy) 주최로 열린 '중국의 해외 공작에 따른 민주주의의 침식 위기(The corrosion of democracy under China's global influence)' 학술대회에서 발표되었다.

핵심 요약

중국 공산당 총서기 시진핑은 전 세계를 대상으로 정치 공작 활동을 가속화하고 있다. 이런 활동이 확대되는 배경에는 중국 공산당 당국이 맞닥뜨린 자국내에서의 압력과 대외적 문제가 함께 작용하고 있다. 본 논문은 시진핑 정권하에서 중국의 해외 공작 활동이 어떤 정책과 형태로 전개되는지에 관한 한 전형(template)을 제시한다. 본 논문은 이 전형을 바탕으로, 대표적인 소국 중 하나인 뉴질랜드가 중국의 공작 활동에 어느 정도로 노출되어있는지를 살펴본다.

제 1 장

개요

◇◇◇

2017년, 「뉴욕타임스」와 「이코노미스트」는 중국이 호주(오스트레일리아)를 상대로 펼치는 정치 공작 문제를 대서특필했다. 「뉴욕타임스」에는 '호주의 정치는 부패에 너무 취약한가?(Are Australia's Politics Too Easy to Corrupt?)'[1]라는 제목의 머리기사가 실렸고, 「이코노미스트」는 중국을 가리켜 "메들컨트리"(이는 '참견국가(Meddle Country)'라는 뜻으로, '중견 국가(Middle Country)'와 발음이 비슷하다. – 옮긴이)[2]라는 말로 비꼬았다.

이 두 기사는 모두 중국이 호주에 미치는 정치적 영향력에 관한 호주언론사 페어팩스 미디어(Fairfax Media)와 호주방송사 ABC의 조사 결과에 대한 반응으로 나온 것이었다.[3] 그리고 이 조사를 바탕으로 2015년과 2016년에 호주안보정보원(Australian Security Intelligence Organisation, ASIO)과 총리 내각부는 이 문제에 관해 내부 조사를 진행한 바도 있다. 호주 언론과 호주 정부 공식 보고서의 결론은 중국이 "다른 어떤 나라보다 더 큰 규모로" 호주를 해외 공작의 주요 목표로 삼고 있으며, 중국 공산당은 그동안 호주 내의 중국 교민 사회뿐만 아니라 호주의 정치와 외교 분야에 침투하기 위해 애써왔다는 것이다.[4] 이런 내용은 호주 언론에서 지금까지도 끊임없이 보도되고 있으며, 중국의 정치 공작 활동은 거의 매일 같이 그 실

체를 드러내고 있다.[5]

언론의 보도 내용은 주로 호주에 초점을 맞추고 있었지만, 중화인민공화국(People's Republic of China, PRC)의 지도, 매수, 강압을 통한 해외 정치 공작 행위는 그 범위가 이미 세계 각국에 널리 퍼져 있다. 중국의 해외 공작 활동은 일관되고 오래된 국제전략의 하나로 현 중국 공산당 정부의 정책에 녹아들어 있다. 그리고 이것은 중국 공산당의 '마법의 무기(법보·法寶)' 중에 하나로 일컬어지는 통일전선공작부의 고유 권한이자 핵심 과업이기도 하다.

본 정책보고서는 시진핑 체제 중국의 해외 정치 공작 활동을 대표적 사례인 뉴질랜드를 중심으로 고찰하고자 한다. 뉴질랜드와 중국의 관계에서 흥미로운 점은, 중국 정부가 중국과 뉴질랜드의 관계를 중국이 다른 국가들과 맺는 관계를 예시하는 하나의 모범(exemplar)으로 간주하고 있다는 사실이다. 2013년, 주뉴질랜드 중국 대사는 양국 관계를 일컬어 "기타 서구 국가에 대한 모델"이라고 말했다.[6] 2017년에 중국 총리 리커창이 뉴질랜드를 방문한 후, 중국의 한 외교관은 양국 관계를 1960년대 중국과 알바니아 사이에 맺었던 긴밀한 관계에 곧잘 비유하기도 했다.[7]

본 논문에서는 중국이 뉴질랜드에서 펼치는 정치 공작 활동의 확대 추세가 앞으로 어떤 영향을 미치게 될지, 그리고 그것을 완화하고 대응할 방법은 무엇인지에 대해서도 살펴본다.

제 2 장

중국 외교 정책에서
중국 공산당의 역할

◇◇◇◇

1949년에 설립된 이래 일당독재 체제를 고수해온 중화인민공화국은, 외교와 경제 문제에 관한 한 언제나 비전통적인 수단에 의존해왔다. 중국 공산당 산하의 여러 기관, 예컨대 통일전선공작부나 중앙선전부, 대외연락부, 중화전국화교연합회, 중국인민대외우호협회 등은 모두 중국의 외교와 국방에 중요한 역할을 담당하는 주체들이다. 이런 기관들은 중국의 대외 문제에 있어서 중국 정부의 공식기구가 담당하는 역할을 보충하고 확장하며, 필요한 경우에는 압도하기까지 한다. 이들은 심지어 중국의 국영 및 민간기업의 역할마저 대체하기도 한다.

중국의 외교 정책 중 당과 국가 기구를 연결하는 핵심 개념이 바로 "통일전선(United Front)"이다.[8] 통일전선은 원래 레닌의 전략적 협력 전술을 일컫는 용어였다. 레닌은 자신의 책, 『공산주의에서의 "좌익" 소아병("Left-Wing" Communism: an Infantile Disorder)』에서 이렇게 말했다.

"더욱 강력한 적을 무너뜨리기 위해서는 극단적인 노력이 필요하며, 적진의 가장 작은 빈틈이라도 반드시, 철저하게, 주의 깊게, 그리고 능숙하게 하나도 남김없이 이용할 줄 알아야 한다. 그리하여 각국에 산재한 부르주아와 다양한 부르주아 그룹 사이의 모든 적대적 이해관계를 이용하고, 나아가 일반 대중의 동맹을 규합할 수 있는 가장 미세한 기회마저도 놓치지 않아야 한다. 그 동맹이 비록 일시적이고, 우유부단하며, 불안정하고, 신뢰할 수 없으며, 제약 조건이 붙는다고 해도 상관없다. 이런 원리(in general)를 깨우치지 못하는 자는 마르크스주의를 조금도 이해하지 못하는 것은 물론, 과학적이고 현대적인 사회주의가 무엇인지도 전혀 모르는 사람이다."[9]

1930년대부터 중국 공산당의 전략가들은 레닌의 전술을 중국의 상황과 문화에 맞게 적용해왔다. 중공의 통일전선은 국내와 해외 정책에 모두 사용할 수 있다. 통일전선의 활동 범위에는 사회 내의 그룹이나 유력 인사와의 협력 활동, 정보관리 및 선전 공작, 그리고 첩보 활동 등이 모두 포함된다.[1]

---

1 해외 논객들은 중국이 다른 나라의 정치에 영향을 미치려는 시도를 가리켜 '대외 간섭(foreign interference)', 또는 '대외 영향(foreign influence)'이라고 부르지만, 이것이 과연 이런 현상을 경고하는 데 적절한 용어인지에 관해서는 많은 논란이 있는 것이 사실이다(왕립합동군사연구소(Royal United Services Institute, RUSI), 2019년 2월 20일자).

혹은 이런 활동을 두고 정치전(political warefare)이라는 용어가 사용되기도 한다(「스트래티지스트(The Strategist)」, 2018년 6월 5일자). 군사 및 전략 분석가들은 '회색지대 전략'이라는 말을 즐겨 사용한다(「내셔널 인터레스트(The National Interest)」, 2017년 5월 2일자).

권위주의 정부의 해외 공작 활동을 가리켜 미국민주주의진흥기금(The U.S. National Endowment for Democracy, NED)은 '샤프 파워(Sharp Power)'라는 용어를 창안했고, 러시아 학자들은 '스마트 파워(Smart Power)'라고 부르기도 한다(국제 민주주의 연구 포럼(International Forum for Democratic Studies), 2017년 12월 6일자).

그러나 중국의 내부사정에 정통한 학자들은 중국 일당독재 체제의 정책과 의도를 제대로 이해하기 위해서는 중국 내부에서 쓰이는 용어를 우리도 사용해야 한다고 오래전부터 강조해왔다. 중화인민공화국을 제대로 이해하려면 먼저 중국 공산당과 그들의 제도, 정책, 그리고 정치적 용어를 이해하려는 노력을 기울여야 한다.

실제로 중국 공산당은 정치적 문제에 관한 한 정확한 용어(티파(提法))를 사용하기 위해 세심한 정성을 기울인다. 정치적으로 민감한 주제일수록 정확한 용어 사용을 강조하는 것이야말로 공론을 엄격히 제한하는 효과적인 수단의 하나다. 외부의 관측자들이 어떤 용어를 사용하든, 중국 공산당이 해당 현상을 설명하는 데 어떤 용어를 사용하느냐는 것은 그 자체로 '통일전선공작(統一戰線工作)'에 속한다.

중국 공산당은 1927년부터 1949년까지 중국 국민당 정부와의 내전을 통해 형성된 집단이다. 다만 중국의 새로운 공산당 정권은 유엔에서 기존에 중국을 대표했던 '중화민국(Republic of China, ROC)'의 자리를 차지한 1971년 이후에도, 국제적 지배 체제에서는 배제되어왔다. 냉전 시대에는 애국적인 해외 중국인(애국화교(愛國華僑))들이 기술 지원과 투자를 통해 중화인민공화국의 경제를 지원했다. 같은 기간 중국 공산당 정부는 외교적 고립을 타파하고자 중국의 '외국인 친구(외국붕우(外國朋友))'들을 비공식 외교단으로 삼아 각국으로부터 중공(중화인민공화국)에 대한 외교적 승인을 끌어내기 위해 노력했다. 이 기간 중공이 가장 역점을 둔 외교 업무는 해외 중국 교민을 '포섭'(교무공작(僑務工作))하고, 외국인과의 관계를 '관리'(외사공작(外事工作))하는 일이었다.[10] 중공의 여러 기관, 예컨대 대외연락부, 통일전선공작부, 인민해방군 총참2부(PLA Second Department) 등은 동남아 지역에 거주하는 화교 혁명 세력을 지원, 육성하여 이들이 정부 전복, 혁명 선동, 정보 수집 등의 활동에 나서도록 했다. 중국 공산당 정부는 또 세계 곳곳에서 일어나는 혁명과 민족주의 운동을 지원하고, 친중 성향의 통일전선 조직을 육성하기도 했다. 마오쩌둥 시대부터 지금까지 중국의 통일전선 기관과 그 공작원들은 이른바 '시민운동가를 정치적 목적으로 활용한다(이민촉정(以民促政))'는 정책에 따라, 외국인 및 화교들과 긴밀한 관계를 맺고 각국 정부를 상대로 공작 및 전복을 기도했으며 필요하다면 해당 국가의 정책을 우회하여 중국의 국제적 이익을 고취하는 활동을 지속해왔다.[11]

1989년은 냉전 시대가 막을 내리는 대전환점이었다. 이때를 기점으로 동구권 국가들은 연달아 평화적 혁명기로 접어들었다. 아울러 그해는 중국, 그리고 외국인과 외국 정부를 상대로 한 중국의 공작 활동도 일대 전환을 맞이한 시점이기도 했다. 1989년 6월 4일, 베이징에서 일어난 민주화 운동을 폭력으로 진압한 중국 공산당 정부는 곧바로 국제사회의 제재와 맹비난을 맞이해야 했다. 이에 중국 공산당은 해외 공작 활동과 화교 포섭 활동을 더욱 강화하는 방향으로 대응했다. 중국 공산당의 공작 활동에 참여한 화교 사회는 동시에 자금 및 은신처 제공 등의 방식으로 학생 민주화 운동을 지원하기도 했다. 그럼에도 불구하고 1989년과 1993년, 중국 지도자 덩샤오핑은 연설을 통해 해외 중국인들이 중공에 제공한 '독특한 기회'를 언급하면서 그들의 도움으로 중공이 국제적 고립을 이겨내고 국제사회에서 정치적 위상이 제고되었다고 치하하는 발언을 했다.[12] 해외 화교 사회를 장악하여 그들을 '중국의 선전 기지'로 확보하는 일은 중국의 해외 통일전선공작의 가장 중요한 과업이 되었다.[13]

국무원교무판공실(國務院僑務辦公室, The State Council Overseas Chinese Affairs Office)은 1989년 이후 큰 폭으로 확대되었다.[14] 현재 중국 밖에서 사는 중국인 인구는 약 6,000만 명에 달하며, 그들 중에는 이미 수백 년 전에 중국을 떠난 선조의 자손들도 많다. 그러나 1989년 이후 중국 공산당이 해외 정책에서 주로 관심을 기울이고, 실제로 성공을 거두기도 했던 목표집단은 최근 30년 이내에 중화인민공화국을 떠난 신규 이민자(신교(新僑))들이었다. 2015년 현재 해외에 거주 중인

중화인민공화국 국민은 총 1,000만 명 정도다.[15]

　중국 공산당이 해외 거주 중국인들에게 영향을 미치고자 하는 노력은 국제 사회에서 영향력을 확장하고 자국의 경제적 목적을 확대하는 데 도움이 되었다. 1989년 이후 중공의 정책은 해외 중국인들이 중국의 반체제 인사와 파룬궁 수련자들을 지지하는 것을 막고, 대만의 민주화 모델이 지니는 영향을 축소시키며, 나아가 화교들의 애국 정서를 중국의 경제 발전에 이용하는 데 맞추어졌다.

　통일전선 공작원은 주로 중국 외교부에 소속된 외교관 신분으로 활동한다.[16] 따라서 중국의 바깥에서 이루어지는 통일전선 활동에도 이런 직책을 적극적으로 활용한다. 즉, 정치인을 비롯한 고위층 인사, 중국인 교포사회, 학생 조직 등과 긴밀히 협력하면서 중국어 언론 및 기타 문화 활동을 지원한다. 중국 공산당은 한 사람이 당원과 정부 공무원이라는 '이중 신분'을 가지고 여러 기관에 속해 활동하는 전략을 오래전부터 구사해왔다.[17] 중국의 영사관과 대사관은 중국 교포사회와 중국어 언론에 지령을 하달하고 중공의 고위층 대표단이 해외 각국을 방문할 때 해당 국가의 중국인 그룹과의 면담을 주선하는 역할을 담당한다. 해외 각국에 존재하는 친중 성향의 중국인 단체 리더들은 정기적으로 중공을 방문하여 중국 공산당 정부의 최신 정책을 꾸준히 학습한다.

　그러면서도 중국 공산당은 자신이 전 세계의 화교 사회를 '지도하는(영도(領導))' 것이 아니라 그저 '안내하는(인도(引導))' 것일 뿐이라는 이미지를 조성하려고 애쓴다.[18] 그리하여 화교 사회의 리더들은 중공의 이런 안내에 협조하는 행동이, 어디까지나 자신의 모국인 중국과 중국 인민, 그리고 자신이 속한 나라의 중국인 사회를 위한 봉사의 일환이라고 생각하게 된다. 중공이 원하는 목표를 달성하는 것은 자신과 자신이 속한 중국인 사회의 이익과 직결되므로, 중공에 대한 협조는 곧 윈-윈 상황이 된다.[19] 해외 중국인을 상대로 한 공작을 성공적으로 완수한다는 말의 뜻은, 결국 그들이 중국의 외교정책에 도움이 되는 일을 적극적으로, 더 나아가서는 자발적으로 나서도록 하는 것이다.

중국 공산당이 이런 공작 활동을 30년 넘게 꾸준히 펼친 결과, 오늘날 화교 단체 중 중공의 이른바 '안내'에서 완전히 벗어난 곳은 거의 없다고 봐도 좋을 정도가 되었다. 물론 파룬궁을 비롯한 일당독재의 영향권을 벗어난 소수 종교 그룹이나 대만, 티베트, 위구르 등의 독립운동 그룹, 그리고 민주화 운동 그룹을 제외한다면 말이다. 심지어 이런 그룹조차 정보원들이 수시로 침투하는 등, 통일전선공작에 고스란히 노출되어 있다.[20]

냉전 시기에도 그랬듯이, 통일전선공작은 외교 정책적 목표에 복무하는 것뿐만 아니라 첩보 활동을 위장하는 데에도 이용되었다.[21] 국가안전부, 공안부, 인민해방군 총참3부(The Third Department of the Joint Staff Headquarters of the PLA), 신화통신사, 통일전선공작부, 대외연락부 등은 외국인과 해외 거주 중국인을 정보원으로 포섭하는 중화인민공화국의 주요 기관이다. 물론 이들 외에도 수많은 기관이 존재하지만 말이다.[22] 2014년에 전직 스파이 한 명은 총참3

부가 관리하는 해외 공작원이 최소 20만 명에 달한다고 말했다.[23] 중국인 교포 단체 중에는 중국인 마피아 조직의 최일선 조직으로서 불법 도박, 인신매매, 금전 갈취, 자금 세탁 등에 연루되는 일까지 있다. 1997년에 캐나다에서는 왕립기마경찰대(RCMP)와 안보정보청(CSIS)이 공동으로 작성한 관련 보고서가 유출된 일이 있었는데, 이에 따르면 이런 중국인 단체들은 중국 공산당 및 정부의 정보기관과 긴밀히 연계되는 경우가 허다하다고 한다.[24]

1989년 위기의 결과로 중국 공산당 정부는 중국인이 아닌 외국인 대상의 선전전(외선(外宣))에도 더욱 박차를 가하기 시작했다. 중공 정부는 과거에도 그랬듯이 이번에도 고위급 '중국의 친구들'의 도움을 끌어냈다. 즉, 미국을 비롯한 서구 민주국가와의 관계를 회복하는 데 미국의 헨리 키신저와 같은 해외 정치인의 힘을 이용한 것이었다. 1991년, 외부 세계에 중국 정책의 홍보 활동을 강화하기 위해 국무원신문판공실(國務院新聞辦公室, 서구 국가의 정보위원회에 해당한다. - 옮긴이)이 설치되었다. 이 부서가 당 조직과 국가 기구를 겸한다는 사실은 한자 표기명이 외선판(外宣辦, Office of Foreign Propaganda, 해외선전국으로 번역할 수 있음. - 옮긴이)인 것만 봐도 뚜렷이 드러난다. 곧이어 중국중앙텔레비전(China Central Television, CCTV)은 처음으로 영어 채널을 개설했다. 중국은 중국 공산당 총서기인 장쩌민 정권하에서(1989-2002년) 해외 공작 활동을 점점 더 확대해나갔다. 이런 활동이 중공 정부와 그 정책에 대한 부정적인 세계 여론을 개선하지는 못했지만, 중국의 경제 정책에 관한 긍정적

이미지를 고취하는 데는 상당한 성과를 거두었다고 볼 수 있다.[25]

후진타오 총서기 시대에 이르러 중국은 해외 공작 활동을 더욱 크게 확대했다(대외선(大外宣)). 그 목적은 국제 문제에 관한 중국의 관점을 세계에 알리고 이해시키고자 하는 것이었다.[26] 중국중앙(CC)TV는 전 세계 규모의 멀티플랫폼 네트워크인 중국중앙(CC)TV 인터내셔널을 설립했다. 아울러 중국국제방송(China Radio International, CRI)과 신화통신사도 세계무대로 규모를 확장했다. 2007년부터 후진타오 정부는 조지프 나이(Joseph Nye)의 소프트파워 이론을 공식적으로 수용하여 중공 정부의 해외 중국인 및 외국인 관리와 공격적인 선전 활동을 정당화하고 이를 완곡한 어법으로 뒷받침하는 데 활용했다.[27]

조지프 나이는 자신의 이론에 대한 중국(그리고 러시아)의 해석에 비판적인 태도를 보였다.[28] 그러나 부상하는(또는 부활하는) 수정주의적 패권국가의 관점에서 보면 중국의 해석과 그 매력을 쉽게 이해할 만도 했다. 조지프 나이는 1990년에 출간된 자신의 책 『변화하는 미국의 힘(Bound to Lead: The Changing Nature of American Power)』에서 베스트팔렌 체제가 꾸준히 쇠퇴하고, 국제무대에서 비국가 세력의 중요성이 점점 증대되며, 각국의 경제가 서로 긴밀히 의존하고, 새로운 정보통신 기술이 발달함에 따라 전통적인 권력의 원천, 즉 '하드파워'의 영향력이 감소하는 결과를 낳았다고 했다.[29] 조지프 나이가 정의하는 하드파워란 한 나라가 위협, 매수, 또는 직접적 군사 행동 등의 수단으로 다른 나라의 행동을 바꾸려고 강제하는 일을 말한다. 그러나 그가 말하는 '소프트파워'는 외국 정부나 사회의 의사결정에 영향을 미칠 수 있는 대안적 수단을 제시한다. 조지프 나이에 따르면 강력한 소프트파워 자원을 소유한 국가는 국제사회에 모범이 되어 전 세계인이 그들의 정책을 기꺼이 따르게 할 수 있다.[30] 더구나 이런 소프트파워의 문화가 각 국가간의 차이를 없애고 또 다른 차이가 발생하는 것을 막을 수 있다면, 군사적 갈등도 아예 일어나지 않을 것이라고 조지프 나이는 주장했다. 그러나 한 나라가 자신의 과거 행동으로 인해 국제사회에서 부정적인 이미지를 얻은 경우라면 이런 목표를 달성하기는 훨씬 어려울 것이다.[31]

중화인민공화국은 새롭게 부상하는 수정주의 국가다. 중국 공산당 정부는 외부 세계가 바라보는 오늘날의 중국이 왜곡되고 부정적인 이미지로 가득 차 있다고 생각한다. 아울러 중공 정부는 오래전부터 자신을 둘러싼 안보 환경을 바꿔놓겠다고 결심했고, 이에 따라 1990년대부터 하드파워 역량을 착실히 구축해왔다. 1990년대 초부터 시작된 두 자릿수의 경제성장은 중국을 세계적 경제 강국의 지위에 올려놓았다. 그리고 후진타오 정권 이후 중국은 종합적 국력을 강화하기 위해 소프트파워 활동에도 꾸준히 투자해왔다. 그러나 조지프 나이에 따르면 중국(그리고 러시아)은 아직도 소프트파워의 진정한 의미를 깨닫지 못하고 있으며, 그가 측정하는 방식의 소프트파워, 즉 문화적 매력, 정치적 가치, 외교 정책 등의 면에서 여전히 취약한 수준에 머물러 있다.[32] 조지프 나이는 국가의 소프트파워 향상에 미치는 시민사회의 역할을 강조한다. 그러나 중국은 통일전선이라는 개념을 바탕으로 일당독재 기관과 그 계열 조직을 이용하여 소프트파워와 하드파워를 모두 발전시키고자 하며, 따라서 소프트파워 강화 수단이라는 면에서 훨씬 더 광범위한 접근방식을 채택하고 있다.

제 3 장

시진핑 시대
중국 정치 공작의 목적과 그 수법

◇◇◇

시진핑은 과거 어느 전임자보다 다른 나라 정부와 각종 그룹의 의사결정에 영향을 미치기 위한 해외 여론 조성에 더욱 큰 노력을 기울이고 있다. 즉 조지프 나이가 정의하는, 강력한 소프트파워를 통해 얻을 수 있는 목표를 추구하는 것이다. 시진핑 시대의 정치 공작 활동은 마오쩌둥 시대에 확립된 방식과 덩샤오핑, 장쩌민, 후진타오 등의 정책을 상당 부분 계승하고 있지만, 이 모든 내용에 한 차원 높은 수준의 야심을 담았다고 할 수 있다. 여기에는 중국의 국제적 영향력에 관한 시진핑 정부의 확신이 날이 갈수록 커지고 있다는 점, 그리고 경제성장 독려와 정보통제 강화라는 두 축을 통한 그의 정권 유지 전략이 모두 반영되어있다.

주목할 점이 있다면, 시진핑은 마오쩌둥 시대의 관행이나 제도를 다시 되살려 이를 현대적 관점과 용어로 재포장해서 내놓은 사례가 많다는 점이다. 시진핑 역시 마오쩌둥처럼 정보통제의 중요성을 강조한다. 오늘날의 정보 환경에 비추어볼 때, 이 점은 이제 중국의 일반 대중에만 국한되는 것이 아니라 국제 사회의 언론과 학계가 중국과 중국 관련 이슈를 어떻게 언급하느냐의 문제와 관련이 있다. 따라서 중국중앙(CC)TV 인터내셔널은 2016년에 CGTV(China Global Television, 중국국제텔레비전)라는 이름으로 탈바꿈한 뒤, 24시간 운영되는 위성 방송과 소셜미디어를 통해 외부 세계에 중국의 목소리를 전달하고 있다(물론 정치 분야보다는 비즈니스 측면을 강조한다). 그와 동시에 중국국제방송(CRI)과 신화통신사는 합병이나 전략적 제휴 등의 방법으로 해외의 라디오, 텔레비전, 온라인 플랫폼 분야의 틈새시장 기업을 공략해왔다. 중국 공산당 정부가 운영하는 영자신문 「차이나데일리(China Daily)」는 전 세계 주요 신문과 제휴를 맺고 증보판을 발행한다. 아울러 중국은 러시아, 튀르키예, 그리고 16+1 국가(중부 및 서부 유럽국가에 중국을 포함한 개념) 등 이른바 '전략적 파트너'들과 언론 협력을 맺는다고 선언했다. 중국 대학과 대학신문도 해외 대학 당국과 파트너십을 맺어왔으며, 그 결과 우리는 중국식 검열 관행이 서서히 이들 나라로 전염되는 현상을 목격하고 있다.

1960년대 중반, 마오쩌둥의 중국은 세계 혁명의 중심지로 추앙받았다. 이제 시진핑의 중국은 중국 중심의 경제 질서를 통해 세계화 2.0의 선도국이 될 꿈을 꾸고 있다. 시진핑 정권하에서(마오쩌둥 정권에서도 마찬가지였다.) 통일전선공작은 1949년 이전의 중국에서는 꿈도 꾸지 못했던 위상을 차지한다. 당시 중국 공산당은 고작 야당에 불과했다. 2014년 9월, 시진핑은 통일전선의 중요성을 역설하면서 마오쩌둥이 이를 가리켜 중국 공산당의 '마법의 무기(법보·法寶)'라고 했던 표현을 인용했다.[33] 마오쩌둥은 마법의 무기가 세 가지라고 했는데, 나머지 둘은 '당 건설'과 '군사 활동'이다. 둘 다 시진핑 시대 중국에서 현저하게 눈에 띄는 현상이다. 2015년 5월, 시진핑은 9년 만에 처음으로 전국 통일전선공작부 회의를 주재했고, 2015년 6월에는 통일전선공작부에 영도소조(領導小組, Leading Small Group)를 조직했다.[34]

시진핑 시대의 정치 공작 활동은 크게 네 가지 범주로 요약된다.

- 해외 중국교포 사회를 관리, 지도하여 이들을 중국 외교 정책의 공작원으로 포섭하는 활동을 강화한다.

- 사람과 사람, 당과 당, 그리고 중국 기업과 외국 기업 간의 관계를 통해 외국인을 포섭하여 이들이 중공의 외교적 정책 목표에 협조하고 이를 달성하도록 한다.

- 세계적 규모의 멀티플랫폼 커뮤니케이션 전략을 구사한다.

- 중국 중심의 전략적 경제블록을 구축한다.

다음 항목에서는 이 네 가지 수법을 하나씩 살펴보고, 이것이 적용된 대표적인 소규모 국가 하나를 예로 들어 이 수법이 과연 어떤 영향을 미쳤는지 구체적으로 알아보기로 한다. 이 나라는 농업과 풍부한 천연자원, 그리고 적은 인구로 잘 알려진 오세아니아 대륙의 민주국가, 바로 '뉴질랜드'다.[2]

---

2 중국은 시진핑 정권이 들어선 이래 계속해서 적극적인 외교 정책을 펴왔으나, 제19차 중국 공산당 전국대표대회(향후 19차 당대회로 약칭. - 옮긴이)에서 시진핑이 중국의 정치가 '새로운 시대'에 접어들었다고 선언한 것을 계기로 그 정도가 더욱 심해졌다. 2017년도에 들어 중국을 향한 국제 사회의 압박은 이런 경향을 더욱 강화했다. 트럼프 행정부가 무역 전쟁을 추진했고, 남중국해에서 보이는 중국의 군사 행동에 대해 국제 사회가 반발했으며, 중국의 외교적 간섭에 대항해 느슨한 형태의 국제 공조 체제가 형성됐다. 중국의 인권 탄압에 대해서는 국제적 비판이 점증했다. 이 모든 문제에 대해 시진핑은 뒤로 물러서기는커녕 오히려 더 공세적으로 나서고 있다. 19차 당대회 이후 중국은 외부 세계를 겨냥하여 통일전선공작을 계속해서 확대하는 것에 그치지 않고, 자신의 정치적 간섭 행위를 향한 국제적 비난에 대해 맞불 전략을 펴기 시작했다.

시진핑 정권하에서 중국은 비즈니스 영역의 통제를 강화해 이제 이 분야에도 당이 전면에 나서기 시작했다(「EJI 인사이트(EJI Insight)」, 2017년 12월 18일자). 중국의 거의 모든 상장 인터넷 기업에는 당 위원회가 설치되어있다. 오늘날 중국 주요 기업 CEO의 약 70퍼센트 정도는 공산당원이며(「사우스차이나모닝포스트(SCMP)」, 2018년 11월 25일자), 중국에서 영업하는 외국 기업의 70퍼센트에 당 세포조직이 구성되어 있다(「블룸버그(Bloomberg)」, 2018년 3월 12일자). 다시 말해 중국의 민간기업 역시 통일전선공작에 관여하고 있다는 뜻이다.

2017년, 중국 기업인 CEFC중국에너지(中國華信)가 전 세계 뉴스의 머리기사를 장식한 일이 있었다. 이 회사의 비영리 법인인 중국에너지펀드위원회 사무총장 패트릭 호치핑(何志平, Patrick Ho Chi-ping)이 유엔과 차드, 우간다 등의 공직자에게 뇌물을 공여한 혐의로 미국에서 체포된 것이었다(「홍콩프리프레스(Hong Kong Free Press)」, 2017년 11월 21일자). CEFC중국에너지는 명목상 민간기업이지만 중국 공산당 정부와 긴밀한 관계를 맺고 있다(「포춘(Fortune)」, 2016년 9월 28일자). 이 회사는 중국 정치계의 당-정-군-민 사이의 긴밀한 연관 관계, 즉 기업의 이익이 중국 공산당의 정치적 목적에 얼마든지 복무할 수 있음을 보여주는 전형적인 사례다. CEFC중국에너지는 이른바 '태자당'이라 불리는 중국 공산당 군벌 귀족들의 에너지 투자에 관여해왔고, 그 계열 법인인 중국에너지펀드위원회(China Energy Fund Committee)는 퇴역한 군사정보 계통 간부들과 연계된 친중공 싱크탱크 조직이다(「남해토론(South Sea Conversations)」. 2017년 1월 17일자).

CEFC중국에너지와 그 계열 법인은 투자를 비롯한 경제적 유인책을 이용하여 일부 국가의 정책에 영향력을 획득해온 것으로 보인다(「시놉시스(Sinopsis)」, 2018년 1월 26일자). 체코를 예로 들면, CEFC중국에너지 회장 예진밍(葉簡明, Ye Jianming)은 심지어 체코 대통령의 '특별자문역'을 맡기도 했다(「시놉시스」, 2018년 2월 8일자). 패트릭 호치핑이 몰락한 지 오래지 않아 예진밍은 중국에서 구금되어 심문을 당했다(「사우스차이나모닝포스트」, 2018년 3월 1일자). CEFC중국에너지의 모든 자산은 현재 국영기업인 중신그룹유한공사(CITIC group)로 옮겨졌다. 이것만 봐도 이 회사가 중국 공산당 정부와 얼마나 밀접한 관계에 있었는지를 알 수 있다(「글로벌보이스(Global Voices)」, 2018년 3월 15일자).

"해외 중국인의 애국심과 능력을 한데 모아라"[35]

시진핑은 해외 중국인을 중국 공산당의 경제적, 정치적 목적에 동원한다는 야심찬 전략을 바탕으로 기존의 관행을 유지할 뿐 아니라 이를 새로운 차원의 야망으로 발전시키고 있다.

담당 기관에는 국무원교무판공실(OCAO), 중공 통일전선공작부, 외교부, 국가안전부, 인민해방군 총참3부 및 기타 필요 조직이 있다.

정책으로는, 지역단위 조직을 통해 각국의 중국계 사회를 장기간에 걸쳐 감시하고(교무사단공작(僑務社團工作)[36], 화교복지센터(해외화교화인호조중심(海外華僑華人互助中心))를 설립해서 이 작업을 조율하며, 그중에서 협력할 그룹을 선별한다.

그리고, 해외 중국인을 대표하여 새롭게 떠오르는 통일전선 조직을 후원 및 지원한다. 이런 조직은 다양한 성격을 띠며, 이들과 좋은 협력관계를 유지하기 위해서는 유연성을 발휘해야 한다는 점을 유념해야 한다. 중국의 정치적 이해에 직결되지 않는 한 화교 사회 문제에 직접 개입하지 않는다. 중국의 정치적 이해에 직접 관련되는 문제란, 예컨대 이른바 '붉은 자본가'로 알려진 궈원구이(Guo Wengui)[37](일명 마일스 쿽(Miles Kwok)[38])의 내부고발 행위 같은 것으로, 그는 중국 정부 최고위층의 부패와 스파이 활동을 국제 사회에 폭로하여 중국 측의 엄청난 역공을 받아왔다.

공인된 중국적 문화 활동에 자금을 지원하고 이를 육성하여 화교 사회를 통합하기도 한다.[39] 통일전선 조직인 중국학생학자연합회(中

國學生學者聯合會)를 통해 중국인 학생과 방문학자 등을 관리한다.[40]

화교 사회의 유력 인사 중 중공 정부에 호의적인 태도를 보이는 사람을 포섭하여 정치적 사안에 대한 화교 사회의 여론 조성에 적극적으로 나서도록 한다. 친중 성향의 부유한 해외 중국인을 포섭하여 중국의 정치적 목적을 지지하는 활동에 재정 지원을 끌어낸다. 해외 중국 기관과 정보원들이 중국의 정치 공작 활동을 강화하도록 한다.[41]

특히 해외 중국 교포사회가 정치 활동에 적극적으로 가담하도록 한다(화인참정(華人參政)). 이 정책에 따라 친중 성향의 해외 중국인은 각국에서 각급 정치인으로 출마하고, 선출된 이후에는 해외에서 중국의 이익을 고취하는 역할을 담당한다. 또 중국이 친중 성향의 해외 비중국계 정치인들과 관계를 수립하는 가교의 역할을 담당한다. 아울러 해외 정당에 자금을 제공하고, 중국어 소셜미디어를 활용해 여론을 조성하여 중화인민공화국의 경제적, 정치적 의제를 해외에 전파한다.[42] 물론 해외 각국에 존재하는 중국인 교포사회가 정치적 의사를 표현하는 일은 지극히 당연할 뿐만 아니라 권장할 만한 일이기도 하다. 그러나 중국 공산당이 주도하는 움직임은 이런 자발적이고 자생적인 발전 과정과는 거리가 멀다.

외국인을 이용해 중국을 이롭게 하라

2013년, 시진핑은 '전국 선전 및 사상공작 대회'에 참석한 자리에서 "옛것을 오늘에 맞게 되살리고, 외국인을 이용해 중국을 이롭게 하라(고위금용, 양위중용(古爲今用, 洋爲中用))"는 마오쩌둥의 유명한 말을 인용하여 현 정부의 미래지향형 통치 방안을 요약했다.[43] 외교 문제에 관해 시진핑 정부는 중국의 전통적인 정책, 즉 사람과 사람, 당과 당, 그리고 이제는 중국 기업과 외국 기업 간의 관계를 통해 외국인을 포섭하여 이들이 중국의 외교적 정책 목표에 협조하고 이를 달성하도록 한다는 방침을 되살렸다.

담당 기관으로는 중공 대외연락부, 중화인민공화국 국가안전부, 중국 중앙 및 성, 시 단위 행정책임자, 중국 국영기업 및 공산당 자본가 그룹, 중국인민대외우호협회(the Chinese People's Association for Friendship with Foreign Countries, CPAFFC) 및 기타 중국 공산당 일선 조직이 있다.

관련 정책으로는, 먼저 중국 공산당과 해외 정당 간 연계를 강화한다.

또한 범세계적 전략 제휴 관계를 구축한다. 이는 전형적인 통일전선 수법에 해당한다.[44]

해외 유력 정치인과 인맥이 닿는 외국인을 해당 국가의 중국 기업이나 중국 자금을 지원받는 단체의 고위직에 임명한다.[45]

자매결연을 통해 해당 국가의 외교정책과 동떨어진 중국의 경제적 목적을 개진한다. 중공의 일선 조직, 즉 중국인민대외우호협회가 바로 이런 활동을 담당하는 주무 부서가 된다.

해외 학자, 기업가, 정치인을 포섭하여 언론과 학계에 중국의 관점을 홍보하는 역할을 맡긴다. 중국에 대해 우호적인 정치 성향을 보이는 사람들과 긍정적인 관계를 구축한다. 시진핑 시대의 가장 큰 특징 중 하나가 바로 중국 측이 비용을 전액 부담하는 유사 학문, 또는 유사 공식 회의가 중국과 해외에서 폭발적으로 늘어나고 있다는 사실이다.

해외 기업, 대학, 연구소와 인수, 합병, 제휴를 통해 해당 지역에 뿌리를 내리고 공작 활동을 강화한다. 이런 거점은 향후 군사 기술이나 영업비밀 및 기타 전략 정보를 취득하는 데 이용된다.[46]

"중국의 메시지가 이 시대의 가장 큰 목소리가 되게 하라"[47]

시진핑 정부가 추진하는 글로벌, 멀티플랫폼 지향의 국내외 커뮤니케이션 전략은 국제 사회에 중국의 존재감을 드러내고, 중국 정부에 관한 국제적 담론을 형성하며, 나아가 중국 및 전 세계 중국어 여론에 관한 통제력을 강화하려는 목적을 띠고 있다.

담당 기관으로는 신화통신사, 중국국제텔레비전(CGTV), 중국국제방송(CRI), 국무원해외선전실(국무원신문판공실(國務院新聞辦公室)), 외교부 및 기타 국가 조직이 있다.

이 정책은 멀티플랫폼, 멀티미디어 전략을 기본으로 삼는다. 시진핑 시대의 미디어 전략에 따라 중국의 전통적인 언론과 위챗 등의 뉴미디어가 병합된 새로운 플랫폼이 탄생했고, 이를 바탕으로 개발도상국과 과거 동구권 국가, 그리고 선진국에 이르는 새로운 시청자 그룹이 태동했다.[48] [49]

중국은 '배를 빌려 항해에 나선다(차선출해(借船出海))'는 정책에 따라 해외의 신문, TV, 라디오 방송과 전략적 제휴를 맺고 중공 당국이 승인한 중국 관련 뉴스를 무료로 제공했다. 지금까지 독립적으로 운영되어오던 해외의 중국어 미디어들이 이런 정책의 주요 목표가 된다.

해외 중국어 언론을 중국 언론에 통합하여 '조화를 이룬다(해외화문모체융합(海外華文母體融合)).'[50] 그리고 '배를 사서 항해에 나선다(매선출해(買船出海))'는 정책에 따라 중국 국영 언론이 해외 언론 및 문화기업을 상대로 전략적 인수, 합병에 나선다.[51] 현지화(본토화(本土化)) 정책에 따라, CGTV 등의 중국 해외 미디어가 외국인을 더 많이 고용하여 외국인의 얼굴로 중국의 정책을 설명하게 한다.

싱크탱크의 정책 및 여론 형성 기능의 중요성에 새롭게 주목한다. 중국은 국내외에 수많은 싱크탱크와 연구센터를 설립하는 데 막대한 투자를 집행해왔고, 이를 통해 세계의 여론을 조성하고, 중국의 소프트파워를 진작하며, 세계무대에서의 존재감을 과시하고, 새로운 글로벌 규범을 형성하는 데 활용한다.[52]

해외 대학 및 학술자료 간행기관과 학술 제휴를 맺은 다음, 중국의 검열 규칙을 조건으로 내세운다. 공자학원을 비롯한 중국 관련 자금제공 기관을 통해 조건부 자금을 학술기관에 제공하거나 해외 연구기관에 투자한다.

'중국에 관해 좋은 내용을 이야기한다(강호중국호사(講好中国故事))'는 구호 아래, 중국의 문화 및 여론 외교의 중요성을 다시금 강조한다. 중국의 중앙 및 지방 정부는 외부 세계를 겨냥한 문화 활동에 다시 한번 막대한 자금을 지원한다. 여기에는 학술 서적 간행과

곡예 공연, 한의학(중의학) 등 광범위한 분야가 망라된다. 이 정책은 후진타오 시대에 마련된 토대를 바탕으로 더욱 큰 규모로 확대되고 있다. 중국은 공자학원과 문화센터, 각종 축제 등을 통해 중국의 문화와 언어를 국제적으로 알린다. 시진핑 시대에 들어와 새롭게 선보이는 이 전략의 특징은 젊은 계층에 초점을 맞춘다는 점이다. 아울러 원주민 인구의 비중이 높은 국가에서, 원주민 사회와 긴밀한 관계를 구축하고자 한다.

일대일로

'일대일로'란 시진핑 정부가 추진하는 대표적인 정책으로, 중국이 중심이 되어 '이념을 초월한' 경제블록을 건설하고 이를 통해 새로운 글로벌 질서를 창출하겠다는 것이다.[53] [54] 일대일로, 또는 일대일로창의(一帶一路倡議, Belt and Road Initiative, BRI)는 1999년 장쩌민 시대에 출범한 글로벌화(주출거(走出去), 밖으로 나가다) 정책을 후진타오 시대를 거치며 시진핑 정권이 이어받아 크게 확대한 것으로, 중국의 국영기업과 국내외 공산당 자본가들이 관민 제휴를 맺고 글로벌 천연자원을 취득하여 국제적 인프라 프로젝트를 건설하는 형태로 진행된다.[55]

담당 기관에는 국가발전개혁위원회(선도 기관), 국영자산감독관리위원회, 외교부 및 기타 국영 기관, 중국 국영기업 및 공산당 자본가 그룹, 중국인민대외우호협회 및 기타 통일전선 조직이 있다.

정책으로는 일대일로창의에 따른 해외 프로젝트를 중국 경제의 발전 동력으로 삼고, 이를 통해 전략적 천연자원을 확보한다. 그리고 중국과 연결되는 무역지대, 항구, 통신 인프라 등을 건설한다.

중국을 기반으로 한 '중국식' 훈련 및 교류 프로그램을 외국 정부의 공직자들에게 제공한다. 외국 정부의 힘을 빌려 해당 국가의 시민과 이웃 나라에 중국의 일대일로창의를 홍보한다(차선출해(借船出海) 정책의 또 다른 형태).

일대일로 참여국의 중앙 및 지방 정부 지도자들과 긴밀하게 협력한다. 지방 정부가 상당한 재원을 관리하며 지방 차원의 계획수립 및 의사결정 권한을 가진다. 국내외에 걸쳐 일대일로 싱크탱크를 설립하여 세계적 여론을 조성하고, 중국의 소프트파워를 강화하며, 중국의 국제적 존재감을 드러내고, 새로운 국제규범을 형성한다.[56]

일대일로에 참여하는 국가에는 중국 시장에 진출할 수 있는 특혜를 부여한다. 화교 기업가들의 재원과 지원을 끌어들여 일대일로의 목표를 확대한다. 일대일로를 통해 중국과 참여국 모두가 윈-윈을 거둘 수 있다는 시각을 홍보한다.[57]

통일전선공작을 통해 일대일로창의에 대한 지지를 끌어낸다.

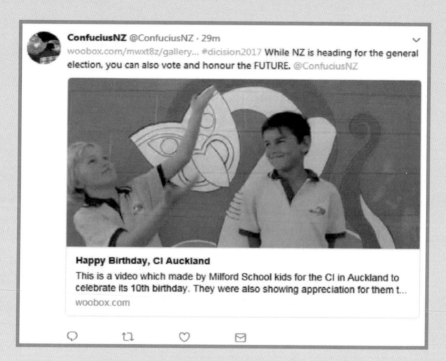

ConfuciusNZ @ConfuciusNZ · 29m
woobox.com/mwxt8z/gallery... #dicision2017 While NZ is heading for the general election, you can also vote and honour the FUTURE. @ConfuciusNZ

Happy Birthday, CI Auckland
This is a video which made by Milford School kids for the CI in Auckland to celebrate its 10th birthday. They were also showing appreciation for them t...
woobox.com

[뉴질랜드 공자학원@ConfuciousNZ

뉴질랜드 총선에서 우리의 미래를 위해 투표합시다. 오클랜드 공자학원의 생일을 축하합니다. 오클랜드 공자학원 설립 10주년을 맞아 밀포드 학교에서 만든 영상입니다.]

– 뉴질랜드 총선을 언급하는 오클랜드 공자학원 트위터 계정

제 4 장

중국이 뉴질랜드에
흥미를 보이는 이유

◇◇◇

오스트레일리아(호주)와 달리 뉴질랜드에는 중국의 산업발전에
필요한 전략 광물자원이 그리 풍부하지 않다. 그러나 뉴질랜드는 다
음의 몇 가지 이유로 중국으로 하여금 흥미를 느끼게 한다. 우선 뉴
질랜드 정부는 남태평양에 있는 다른 3개 영토, 즉 쿡 제도(Cook
Islands), 니우에(Niue), 토켈라우(Tokelau)의 국방 및 외교를 책임지
고 있다. 다시 말해 뉴질랜드는 각종 국제기구에서 중국을 위해 4표
를 행사할 수 있다. 또한 뉴질랜드는 남극에 청구권을 행사할 수 있
는 나라이며, 지리적으로도 가장 가까이에 있다. 중국은 오랫동안
남극에 전략적 관심을 기울여왔고 따라서 뉴질랜드와 같이 남극에
기득권을 보유한 나라와 협력할 필요가 있다.[58] 뉴질랜드는 값싼
경작지와 희박한 인구를 보유한 나라로, 중국은 자국의 식량 안보
를 위해 해외의 경작지에 늘 깊은 관심을 기울여 왔다.[59] 오늘날 뉴
질랜드는 중국의 우유 수입량 중 24퍼센트를 담당하고 있으며, 중
국은 뉴질랜드 낙농업의 가장 큰 해외 투자국이다.[60] 그리고, 뉴질
랜드는 중간권(지구의 대기권 중 성층권과 열권 사이 - 옮긴이) 연구에
도 유리한 지역이다. 이는 중국 인민해방군이 장거리 정밀 미사일을
확장하는 데 있어 매우 중요한 연구 분야이며 민간 분야의 적용 가
능성도 무궁무진하다. 중국 기업인 상하이평신(Shanghai Pengxin)
과 광치사이언스(KuangChi Science)는 상하이평신이 보유한 뉴질

랜드의 낙농장에 우주 발사대를 설치하여 운영한 적이 있다.[61] 뉴질랜드는 미발굴 석유 및 가스 자원을 보유하고 있기도 하다. 한편, 2016년에 뉴질랜드는 전 세계 자금세탁의 '진원지'라는 말을 들은 적이 있다.[62] 쿡 제도와 니우에, 토켈라우는 모두 조세 피난처 및 자금세탁 국가로 유명하다.

　뉴질랜드는 또 파이브아이즈(Five Eyes)라고 알려진 영미정보협정(UKUSA intelligent agreement)의 회원국이고, 미국, 영국, 캐나다, 호주 군사동맹 체제(ABCA grouping of militaries)의 비공식 가맹국이며, 북대서양조약기구(NATO)의 협력국이다. 만약 뉴질랜드를 이런 군사협력 체제나 전통적 우방국들로부터 떼어놓거나, 최소한 더 이상 파이브아이즈의 일원으로 중국을 감시하지 않겠다는 약속이라도 끌어낼 수만 있다면, 중국은 글로벌 패권국으로 도약한다는 전략 목표에서 엄청난 교두보를 차지하게 된다. 중국 공산당 정부는 사상 유례없을 정도로 중국과 경제, 정치, 군사 면에서 가까운 관계를 유지하고 있는 뉴질랜드를, 남태평양의 또다른 약소국 호주나, 더 넓게는 다른 서구 국가에 대한 본보기로 간주하고 있다. 뉴질랜드가 지닌 가치는 중국뿐만 아니라 러시아를 비롯한 다른 나라에도 유효하다. 파이브아이즈 정보동맹의 가장 취약한 연결고리이기 때문이다. 그뿐만 아니라 뉴질랜드는 중국 인민해방군 해군이 장차 남반구에서 확보해야 할 해군기지와 베이더우2(北斗2, 중공이 구축한 범지구 위성항법시스템. – 옮긴이)의 지상 기반 시설이 될 수 있는 전략 요충지이기도 하다. 중국은 이미 남극에 이런 기지를 확보하고 있다.[63]

이 모든 요인으로 인해 뉴질랜드는 중국의 당-정-군-민이 모두 지대한 관심을 기울이는 나라가 되고 있다. 중국의 모든 기관과 스파이가 마오쩌둥-마르크스-레닌주의로 똘똘 뭉쳐있던 냉전 시대와 달리, 오늘날의 영향력 공작원들은 어느 순간에는 정치적, 전략적 이해를 추구하는 듯하다가도 바로 다음 순간에는 각자의 호주머니만 챙기는 것이 일상화되었다. 현 정책은 중국의 소프트파워를 확대하는 과정에서 정치, 경제적 이해관계가 모호해지는 결과를 초래한다.[64]

중국은 뉴질랜드에 중국의 소프트파워 활동과 정치 공작을 받아들이라고 강요할 필요도 없었다. 뉴질랜드가 정부가 중국의 환심을 사려고 먼저 나섰기 때문이다. 1972년에 뉴질랜드와 중화인민공화국이 외교관계를 수립한 이래, 역대 뉴질랜드 정부는 중국의 새로운 경제 정책을 뚜렷이 지지함으로써 중국 측의 관심과 호의를 끌어내려는 태도를 꾸준히 보여왔다.[65] 뉴질랜드는 언제나 서구 국가 중에서 중국의 대외 경제 정책에 가장 먼저 동의하는 태도를 보였다. 중국이 세계무역기구(World Trade Organization, WTO)에 가입할 때나 중국과 자유무역협정(FTA)을 맺을 때, 아시아인프라투자은행(Asian Infrastructure Investment Bank, AIIB)이 설립될 때, 그리고 최근에는 일대일로창의(BRI/OBOR) 문제가 불거질 때도 역시 마찬가지였다. 뉴질랜드 정부는 중국이 자국 영역, 즉 남태평양에서 남극에 이르는 지역에서 적극적으로 활동할 수 있게 길을 열어주었다. 처음에는 소련의 영향력에 대한 세력 균형의 차원에서 중국으로부터 지원을 받거나 과학 협력을 맺는 형태였으나, 최근에는 뉴질랜드가 파이브아이즈의 일원으로 맺고 있는 군사적 동맹을 '다변화'하는 데까지 나가는 실정이다.[67]

경제 번영은 국제 무역에, 안보는 강대국의 보호에 의존할 수밖에 없는 약소국인 뉴질랜드는 국제무대의 정치적, 경제적 세력 균형의 변화에 지극히 취약하다. 뉴질랜드는 영국의 식민지에서 완전한 독립을 얻기까지 상당히 오랜 전환기를 거쳤다. 다른 약소국이 모두 그렇듯이 뉴질랜드도 자국의 안보를 위해 국력을 강화하고자 한다. 1970년대 초, 뉴질랜드 경제는 영국이 유럽연합 시장에 편입되고 석유 위기가 일어나면서 크게 흔들렸다. 원래 영국의 남태평양 '농장(farm)'으로 불렸던 뉴질랜드의 경제는 영국 시장에 속함으로써 그 번영이 보장되었다. 또한 1942년에 싱가포르가 함락되기 전까지 뉴질랜드의 안보는 영국이 책임지고 있었다. 제2차 세계대전 이후 영국의 국력이 쇠퇴하면서 뉴질랜드는 북대서양조약기구(NATO)에 힘입어 미국의 동맹이 되었고, 이어서 영미정보협정(UKUSA) 협정과 태평양안전보장조약(ANZUS)(이 조약은 지금은 존재하지 않는다.), 즉 미국, 호주, 뉴질랜드 간 군사동맹에 편입되었다.

1980년대 중반 이후, 뉴질랜드는 영국 시장을 놓친 위기의 해결책을 중국에서 모색했다. 뉴질랜드는 영국, 미국 및 기타 전통 우방과 군사적으로는 여전히 강력한 유대를 맺고 있다. 그러나 오늘날 뉴질랜드 무역의 44퍼센트는 아시아태평양 국가와 이루어진다. 중국은 뉴질랜드의 두 번째로 큰 무역 상대국이며, 뉴질랜드 경제의 양대 축이라 할 수 있는 관광업과 낙농업의 가장 큰 시장도 바로 중국이다.[68] 뉴질랜드는 중국과 2003년에 포괄적협력관계조약(Comprehensive Cooperative Relationship Agreement, CCRA)에 서명했고, 2014년에는 포괄적전략동반자조약(Comprehensive Strategic Partnership Agreement, CSPA)을 맺었다.[69] 오늘날 뉴질랜드는 중국과 무역 분야를 넘어 금융, 통신, 임업, 식품 안전 및 안보, 교육, 과학 기술, 관광, 기후 변화 및 남극 개발, 그리고 군사 분야로까지 협력을 확대하고 있다. 반면 트럼프 미국 대통령은 뉴질랜드가 기여하여 탄생한 환태평양경제동반자협정(TPP)에 가입하지 않았고, 역대 미국 대통령 중 그 누구도 뉴질랜드와 자유무역협정(FTA)을 맺지 않았다. 미국의 이런 태도는 1987년에 뉴질랜드가 핵무기 반대를 입법화한 데 따른 보복이라고 생각하는 사람이 많다. 2013년, 뉴질랜드 국방장관 조너선 콜먼 박사(Dr Jonathan Coleman)는 오늘날 뉴질랜드가 "미국과 중국 사이에서 등거리 외교를 하고 있다"고 인정한 바 있다.[70]

Hon Nikki Kaye ✓ @nikkikaye · 2h
Chatting with New Chinese television channel(NCTV) I spoke on Auckland issues & our
education system &how it needs to evolve for the future

[혼 니키 케이@Nikkikaye 신중국텔레비전방송(NCTV)과의 대담에서 오클랜드 문제와 이 나라의 교육 시스템, 그리고 미래 발전 방향에 관해 말씀을 나누었습니다.]
뉴질랜드 국민당 국회의원인 니키 케이(Nikki Kaye)가 NCTV에 출연해 역시 뉴질랜드 국민당 국회의원인 양젠과 대담을 나누는 모습을 트위터에 올렸다.

헬렌 클라크(Helen Clark) 노동당 정부 시절(1999-2008년)에는[71] 뉴질랜드-중국 관계에 변화의 조짐도 있었지만, 2008년에 뉴질랜드 국민당(New Zealand National Party)이 큰 인기를 끌며 집권한 이후부터 대중국 관계는 급물살을 타기 시작했다. 국민당 정부는 대중국 관계에서 두 가지 원칙을 천명했다. 하나는 "튀지 않겠다(no surprises)"는 정책이었다.[72] 다시 말해 뉴질랜드 정부나 공직자, 혹은 정부와 조금이라도 관계가 있는 사람은 중국 공산당 정부를 거스를 만한 발언이나 행동을 피해야 한다는 것이었다. 두 번째는 오래전부터 강조되어온 '정치 관계 정상화' 원칙이었다. 그런데 뉴질랜드 국민당 정부가 말하는 정치 정상화란 중국의 중앙 및 지방 지도자, 또는 뉴질랜드에서 활동하는 그들의 대표자 및 관련자와 광범위하고 친밀한 정치 관계를 수립해나간다는 뜻이었다.[73] 2008년부터 2017년까지 뉴질랜드 외무부 장관을 지낸 머리 맥컬리(Murray McCully)에 따르면, 재임 중 뉴질랜드 정부가 대중국 관계 정상화를 '최고 우선순위'에 둘 수밖에 없었던 이유는, 2008년 중국과 FTA를 수립한 이후 대중국 무역이 확대된 덕분에 뉴질랜드가 2008년 세계 금융 위기를 무사히 헤쳐나올 수 있었기 때문이다.[74]

대중국 관계의 판을 흔들지 않으려는 이런 신중한 태도야말로, 중국이 남중국해에서 군사기지를 건설하는 행동을 미국과 호주가 그렇게 비판해도 뉴질랜드는 여기에 좀처럼 동의하거나 합류하지 않는 이유가 되어왔다. 호주와 미국의 엄청난 압박에도 2015년부터 2016년까지 뉴질랜드의 존 키(John Key) 총리(2008-2016년)를 비롯한 다른 장관들은 줄곧 침묵으로 일관했다. 이는 우방들의 희망과는 전혀 동떨어진 반응이었으며, 그들로부터 뉴질랜드 국민당 정부가 중국에 지나치게 유화적인 태도를 보인다는 비판을 수차례나 받아야만 했다. 뉴질랜드 국민당 정부의 침묵은, 뉴질랜드가 세계에서 네 번째로 넓은 해양 영토를 보유하고 있고, 그런 만큼 국제적 규범에 의존하여 자신의 권리를 보호하고 있음에도, 최근 중국의 소프트 파워가 뉴질랜드에서 이 정도로 힘을 발휘하고 있음을 여실히 보여주는 증거라 할 수 있다. 반면 1989년에 중국 정부가 학생 시위 운동을 탄압한 직후에는 뉴질랜드도 여타 서구 국가와 함께 중국의 행동을 강력히 규탄하는 대열에 동참했던 적이 있다. 당시에도 중국은 뉴질랜드의 네 번째 순위 무역 상대국이었고 대중국 무역은 당시 뉴질랜드 노동당 정부의 가장 큰 관심사 중 하나였지만, 그렇다고 이런 사실이 중국의 인권 탄압에 대한 뉴질랜드 정부의 비판적 발언에 장애가 되지는 않았다.

제 5 장

중국이 뉴질랜드에서 벌이는
정치 공작 활동

◇◇◇

중국이 뉴질랜드에서 행하는 정치 공작 활동과 그 공작원들은 앞에서 설명한 전형을 그대로 따르고 있다. 구체적인 사례는 셀 수도 없이 많으나, 그중에서도 몇 가지 대표적인 예를 아래에 제시한다.

'마법의 무기'를 꺼내들다
: 중국이 뉴질랜드에서 벌이는 정치 공작 활동

현재 뉴질랜드에 거주하는 450만의 인구 중 약 20만 명이 중국 교민이다. 뉴질랜드에 사는 중국인 중 대다수는 오클랜드에 거주하고 있으며, 오클랜드 인구에서 차지하는 비중은 약 10퍼센트다. 중국 영사관 당국은 모든 중국인 사회를 예의 주시하지만, 그중에서도 오클랜드에 특히 더 주의를 기울인다. 그들이 사용하는 방법은 친중 성향의 교민 중에서도 핵심 인사들과 긴밀히 교류하고, 기타 중국 교민사회와 중국 출신 정치인, 그리고 뉴질랜드 내의 중국어 언론 및 학교를 지속 감시하는 것이다. 더구나 시진핑 시대에 들어와 중국 대사관은 중국의 통일전선공작 기관에 직접 보고하는 새로운 조직의 설립을 지원해왔다. 두 명의 전직 호주 주재 중국 외교관의 말에 따르면, 지금까지 뉴질랜드에 있던 좀 더 독립적인 성향의, 중국의 이해에 잠재적 위협이 되는 조직에도 중국 측이 지지자와 정보원을 심어두었다고 한다.[75] 이것이 바로 중공의 전형적인 전술이자 세 가지 마법 무기 중 하나인 당 건설 및 조직 활동(조직공작(組織工作))에 해당한다. 오늘날 중국 공산당이 뉴질랜드의 중국 교민사회를 관리하는 수준은 가히 놀라운 성취라고 할 정도다. 뉴질랜드에 거주하는 중국인은 그 오랜 냉전 시대를 거치면서도 극히 일부 예외를 제외하면 그 누구도 친중도 반중도 아니었고, 중국 국민당이나 중화민국(대만)을 지지하는 사람도 거의 없었다.[76] 뉴질랜드의 중국어 매체나 교민사회, 중국어 학교 등도 모두 정치적인 독립을 지킨다는 점을 자랑스럽게 여겼다.

뉴질랜드에 정착한 중국 교민과 중국 출신 뉴질랜드인은 매우 다양한 그룹이라는 점을 기억해야 한다. 그들 모두가 한(漢)족인 것도 아니고, 중화인민공화국 출신인 것은 더더욱 아니다. 많은 이들이 대만, 홍콩, 싱가포르, 말레이시아, 베트남, 태국 및 기타 지역에서 왔으며, 그들 중에는 1949년 이전에 뉴질랜드로 이주해온 가족의 후손이거나, 실제로 중공(중화인민공화국)에서 온 사람 중에도 정치적 망명을 시도한 사람들이 많다. 그러나 일단 뉴질랜드의 중국인 사회에 일원이 되고자 하는 한, 그들은 중국인 교포사회 내에서 중국 공산당의 지침에 따라 진행되는 정치 활동과 뉴질랜드의 정치 문제에 관한 엄격한 검열 관행을 감수할 수밖에 없다.

뉴질랜드에서 중국 공산당 당국과 가장 긴밀한 관계를 맺고 있는 조직은 2000년에 설립된 뉴질랜드중국화평통일촉진회(新西兰

中国和平统一促进会, Peaceful Reunification of China Association of New Zealand)다.[77] 이 단체는 중국 공산당 중앙위원회 산하 통일전선공작부의 직할 기관이다. 단체명에 언급된 '화평통일'이란 중국 본토와 대만의 통일을 뜻하는 말이다. 그러나 이 조직은 중국의 외교 정책상 목표를 지지하는 다양한 활동에도 개입한다. 예컨대 조직의 목적을 지지하는 중국인 정치 후보에 몰표를 안겨주거나 자금을 모집하는 등의 활동이 포함된다. 중국 고위급 지도자가 뉴질랜드를 방문할 때, 파룬궁이나 티베트를 지지하는 등의 반중 시위를 저지하기 위한 반대 시위대를 조직하는 일은 모두 이런 뉴질랜드중국화평통일촉진회와 같은 통일전선 조직의 몫이다.[79] 2014년, 뉴질랜드중국화평통일촉진회는 무려 30개가 넘는 통일전선 조직의 리더들을 소집하여 홍콩 민주화 시위를 맹비난하는 이른바 '점령 운동(Occupy Movement)'을 개최했다.[80] 2015년에는 중화인민공화국 주석 시진핑과 대만 총통 마잉주의 역사적 회담이 열린 직후, 뉴질랜드중국화평통일촉진회의 주최로 뉴질랜드 정치인과 중국인 교포사회 대표들이 모여 중국과 대만의 통일 문제를 주제로 토론회를 연 적도 있다.[81] 이 회의에서 뉴질랜드 국민당 의원 제이미 리 로스(Jamie-Lee Ross)는 뉴질랜드 국민당이 하나의 중국 정책을 준수해야 한다고 호소했다.[82]

2016년 오클랜드에서 열린 회의에서 뉴질랜드 화교 대표들이 중국의 남중국해 영토분쟁 관련 국제사법재판소의 판결에 대한 중국 정부의 공식 입장을 지지하고 있다.

현재 뉴질랜드중국화평통일촉진회를 이끄는 수장은 스티븐 와이청웡(Steven Wai Cheung Wong), 또는 황웨이지앙(黃玮璋)이라고 불리는 인물이다. 스티븐 웡은 뉴질랜드와 중국 양쪽에서 다양한 통일전선 조직의 고위 간부를 맡고 있다. 그는 화교연합협회와 뉴질랜드중국역사문화협회의 회장이며, 재뉴질랜드 중국상공회의소 부회장, 광둥성 해외교류협회 및 중국화평통일촉진회 위원, 산둥성 해외협회 명예회장, 베이징화교위원회 자문 등의 직함을 보유하고 있다. 스티븐 와이청웡은 중국 광둥성 출생으로 1972년에 뉴질랜드로 이주했다. 뉴질랜드프레시푸드유한회사의 총괄관리자인 그는 포테이토칩 제조업으로 부를 형성했다.

뉴질랜드중국화평통일촉진회는 최근 뉴질랜드를 비롯한 몇몇 나라에서 점증하는 통일전선 조직 중 하나로,[84] 중국 정부가 직접 조직하고 금전 및 기타 지원을 제공한다. 중국 공산당은 이들 조직 외에 이른바 '애국' 기업인(공산당 자본가)들에게도 의존한다. 이들 기업인은 항상 이런 조직에 자금을 제공할 수 있는 눈에 띄는 존재들이다. 그리고 이것은 공산당의 통일전선공작이 오랫동안 취해온 관행이다. 공산당 자본가는 사업 기회와 정치적 보호를 받을 수 있으므로 그야말로 윈-윈의 상황이라 하지 않을 수 없다.

뉴질랜드에서 중국 정부의 지원을 받는 통일전선 조직은 일일이 열거할 수도 없을 정도로 많지만, 크게 보면 주로 출신지나 직업군별로 조직되거나, 뉴질랜드중국자선협회 같이 특정 관심사에 따라 모임을 구성하기도 한다.[85] 어떤 경우에는 구성원이 불과 대여섯

명에 지나지 않는 통일전선 조직도 있다. 이런 모임에 참가하는 사람의 입장에서는 중국 대사관 측과 관계를 맺음으로써 얻을 수 있는 위신이나 사업 기회 등은 큰 매력으로 다가온다. 이제는 이런 모임이 워낙 많아 중공 당국은 소수의 핵심 조직을 중심으로 중국 교포 사회를 하나로 묶는 데 초점을 두고 있다.

2014년, 뉴질랜드 최대 도시인 오클랜드에 최초로 뉴질랜드화교서비스센터(New Zealand Overseas Service Centre)가 설립되었다. 이 조직의 목표는 현지 중국인 조직과 주뉴질랜드 중국 대사관, 그리고 국무원교무판공실 사이의 관계를 좀 더 효율적으로 조정하는 것이다.[86] 이 조직은 1998년에 설립된 기존 조직, 중국정착민서비스신탁(Chinese New Settlers Services Trust)을 기반으로 구축되었다.[87] 2017년, 이 조직의 대표 왕링주안(Wang Lingjuan)은 국무원교무판공실의 초청으로 화교대회에 참가한 자리에서 마오쩌둥을 추모하는 화환을 봉헌했다. 그녀는, 어쩌면 의도치 않게 나온 말이겠지만, 기자들 앞에서 이 조직이 "중국의 일부나 마찬가지이며, 해외 어디에 나가 있는 중국인에게도 마치 고향과도 같은 느낌을 줄 것"이라고 말했다.[88]

오늘날 뉴질랜드의 모든 대학에는 다른 나라들과 마찬가지로 중국학생학자연합회가 조직되어있다. 이 기구는 중공 당국이 단기 유학을 떠난 중국인 학생과 학자를 관리하는 조직이다. 뉴질랜드에는 2012년에 조직되어 뉴질랜드 내의 다양한 고등교육 기관에 재학 중인 중국인 학생을 촘촘히 엮어 관리하는 역할을 맡고 있다. 뉴질랜드중국학생학자연합회는 주뉴질랜드 중국 대사관의 "지침을 정확하게 따르고" 있다.

시진핑 시대 해외 중국인 공작의 주요 목표 중 하나는 화교들이 각자 속한 나라에서 정치 활동에 보다 적극적으로 참여하도록 만드는 것이다. 뉴질랜드에서 지역 및 중앙 정치 선거에 나서는 화교의 수는 점점 증가하고 있다.[90] 물론 뉴질랜드 화교 사회의 이런 움직임은 매우 자연스럽고 긍정적인 모습이기도 하다. 그들 중에는 이미 이 나라에 와서 정착한 지 150년이 훌쩍 넘은 집안도 있기 때문이다. 하지만 뉴질랜드의 중국계 정치 지도자들은 어쩔 수 없이 현 중국 정부의 정책에 동조하거나 협조하라는 중국 외교관들의 압력을 받게 된다. 뉴질랜드 화교 사회의 다양성을 반영이라도 하듯, 이들 중에는 주뉴질랜드 중국 대사관의 의제에 흡수당하기를 거절하는 사람도 있으나 현실은 혹독하다.

뉴질랜드 국민당의 화교 의원 양젠(杨健, Yang Jian), 뉴질랜드 노동당의 레이몬드 후오(Raymond Huo), 그리고 소비자및납세자연합당(Association of Consumers and Taxpayers, 뉴질랜드의 우파 자유주의 성향 정당으로 보통 줄여서 ACT로 명기한다. - 옮긴이) 소속의 케네스 왕(王小选, Kenneth Wang)은 뉴질랜드 통일전선 조직 및 중국 대사관 측과 다양한 관계를 맺고 있는 중국계 정치인으로 잘 알려져 있다. 케네스 왕은 2004년부터 2005년까지 소비자및납세자연합당(ACT) 의원 신분으로 뉴질랜드 국회에 입성했고 2014년까지 이 당의 부대표를 역임했다. 케네스 왕은 중국 공산당 혁명 가문 출신으로 최초의 중공(중화인민공화국) 산시성장을 지낸 왕시잉(Wang Shiying)의 손자다.[91] 2005년, 케네스 왕은 광둥화교연합회의 초청으로 중국을 방문했다.[92] 그의 친중 성향 투자 및 이민 정책에 중국 측이 호의를 보인 결과였다고 한다.[93] 과거 뉴질랜드중국화평통일촉진회는 케네스 왕을 위해 여러 차례 모금 행사를 주최하고 화교 사회가 그에게 몰표를 안겨주도록 운동을 펼친 적이 있었다.[94], [95] 2005년부터 그는 뉴질랜드베이징상공회의소 명예회장을 맡고 있다.[96] 그는 또 통일전선과 연계된 여러 조직의 간부를 맡고 있기도 하다. 베이징연합회(Beijing Association) 부회장[97], 대학동문협회(University Alumni Association) 뉴질랜드 회장[98], 그리고 뉴질랜드 보우인터내셔널(Bowo International) 회장 등이다.[99]

케네스 왕이 처음으로 국회에 입성할 무렵 화교 유권자 중 47퍼센트는 뉴질랜드 노동당에 투표했다.[100] 그러나 2014년 선거에서는 75퍼센트가 뉴질랜드 국민당에 투표했다.[101] 국민당은 그동안 뉴질랜드의 기존 중국어 언론과 소셜미디어에 노출되기 위해 공격적인 투자를 감행하며 화교들의 표를 얻기 위해 애써왔다. 국민당에서는 1996년에 최초의 화교 출신 의원 팬시 웡(黃徐毓芳, Pancy Wong)이 선출되었지만, 그녀는 2011년에 여행 경비를 잘못 사용한 추문에 휩싸여 국회의원직을 사임해야만 했다. 팬시 웡은 이미 몇해 전부터 남편 새미 웡(Sammy Wong)이 뉴질랜드와 중국 사이의 비즈니스 거래에 부인의 지위를 이용했다는 혐의로 언론의 주목을 받아온 터였다.

팬시 웡이 의원직을 박탈당한 이후 뉴질랜드 국민당 당수 피터 굿펠로우(Peter Goodfellow)는 오클랜드대학교 정치학 강사였던 양젠 박사를 두 번째 화교 출신 의원으로 낙점했다. 단지 "뉴질랜드 국민당에는 중국인의 표가 필요하다"는 말을 들었다는 것이 그 이유였다.[102] 국회의원이 될 무렵 양젠은 이미 학자로서의 경력 외에도 뉴질랜드 화교 사회 내의 활동으로 상당한 지명도를 얻은 인물이었다. 양젠 박사는 2006년부터 뉴질랜드의 투트랙 외교에 관여해온 바 있었다.

2017년 뉴질랜드 언론을 비롯해 전 세계 언론에 널리 보도된 바 있듯이,[103] 양젠은 중국 군사정보 계통에서 15년간이나 근무한 경력이 있었다. 그는 이런 사실을 뉴질랜드 영주권 및 취업 신청 서류뿐만 아니라[104], 뉴질랜드내의 공적 신상 기록에서도 숨겨왔다는 점을 시인한 바 있다. 최소한 영어로 기술된 자료에서만큼은 분명한 사실이다.[105]

그러나 몇몇 웹사이트에 실린 2013년 간행 「인민일보(人民日報)」 '환구인물(Global People)' 코너만 봐도, 양젠이 자신의 어린 시절과 중국에서 한 일, 그리고 이후 호주와 뉴질랜드에서 활동한 일을 상세히 설명하는 내용이 나온다.[106] 그는 1978년에 인민해방군 공군기술대학에 입학해서 영어를 전공했다. 졸업 후에는 같은 대학에서 5년간 강사로 근무하며 중국 인민해방군과 관련된 뤄양해방군외국어학원(洛阳解放军外国语学院)에서 석사학위를 취득했고, 난징대학 홉킨스-난징 미중연구센터에서 1년간 공부한 후, 1990년부터

1993년까지 뤄양해방군외국어학원에서 영어 통신문 해독을 목적으로 입학한 학생들을 가르쳤다.[107]

하지만 뉴질랜드 국민당 홈페이지에 실린 양젠의 이력에는 그가 중국 인민해방군에서 공부하고 근무한 내용이 전혀 나와 있지 않다.[108] 오클랜드대학교에서 강사로 근무할 때의 온라인 프로필에도 역시 마찬가지다.[109] 그러나 그가 국회의원이 된 다음 해인 2012년, 중국 방문 절차의 일환으로 중국 측 공직자들에게 회람하기 위해 주중국 뉴질랜드 대사관에 제공한 영문 이력서에는 이런 정보가 실려있었다.[110] 더구나 뉴질랜드 국민당 청룡회(당내 화교 청소년 조직) 설립 추진용으로 작성된 중국어 자료에는 그가 뤄양외국어대학교에서 공부한 이력은 강조하면서도, 이것 외에 중국에서 어떤 일을 했고 어떤 교육을 받았는지에 관해 전혀 언급이 없다.[111] 「파이낸셜타임스(Financial Times)」는 뤄양외국어대학교와 관련된 그의 과거를 이렇게 일부만 언급한다는 사실은 뉴질랜드내 화교 사회에 일종의 '암호'와 같은 의미를 띠는 것으로 추정했다.[112]

인민해방군 공군기술대학은 중국내 10대 군사대학에 속하는 인민해방군 공군의 최고 엘리트 교육기관이다. 따라서 양젠 박사가 졸업 후에 교수직을 얻었다는 사실을 생각해본다면 이미 학생 시절에 중국 공산당에 입당했을 가능성이 매우 크다. 군사학교의 교수직이란 당원 신분이 절대적으로 요구되는 자리이기 때문이다. 실제로 그는 자신이 중국 공산당원이라는 사실을 언론인에게 시인했던 바도 있다. 비록 1994년에 중국을 떠난 이후로는 당원으로 활동한 적이 없다고 주장했지만 말이다.[113] 그러나 한번 중국 공산당에 가입한 이는 자신은 어떻게 생각하든 다른 사람들은 누구나 그를 당원으로 간주하기 마련이다. 중국 공산당으로부터 공식적으로 당원 자격을 박탈당하는 경우를 제외하면 말이다. 물론 이런 경우는 당을 배신하거나 심각한 징계를 받을 만한 위반 행위를 저지르지 않는 한 매우 드문 일이다.

양젠이 중국에서 인민해방군 뤄양외국어대학교 외에 공부했던 두 번째 학교는 인민해방군 총참3부에 속한 교육기관이었다. 이 부서는 인민해방군이 거느린 두 개의 군사 정보기관 중 하나다. 총참3부는 예컨대 소련의 군사정보기관인 정보총국(GRU)이나 미국의 국가안보국(National Security Agency, NSA)에 해당한다고 볼 수 있다. 총참3부는 중국의 통신 첩보 작전과 정보평가 업무를 총괄한다.[114] 인민해방군 총참3부에 배속된 언어전문가들은 일단 뤄양외국어대학교에 파견되어 언어 교육을 수료한 후 다시 총참3국에 배정되어 기술 훈련을 거친다.[115] '제인(Jane)'이라는 영어명으로 통하는 양젠의 아내는[116] 뤄양외국어대학교에서 그가 공부한 대학원 과정을 함께 거쳤다.[117] 제인은 IT 전문가였으며 양젠 박사가 오클랜드대학교 국제관계학부에서 교수직을 얻었을 때 같은 대학 정보기술 분야에서 일자리를 구했다.[118]

인민해방군이 양젠과 같은 군사정보 분야의 이력을 지닌 사람의 해외 유학을 쉽게 허락할 리 없다. 즉, 그의 해외 유학 배경에는 군의 공식적인 허가가 반드시 있었다는 말이다. 그는 비록 인민해방군을 떠난 몸이지만 해외로 나가기 위해 최소한 2년을 기다려야 했고, 중국 여권을 발급받기 위해서도 이전 고용주의 공식 승인을 얻어야만 했다. 1994년 양젠은 마침내 호주로 건너가 호주국립대학교(ANU)에서 국제관계학 석사학위와 박사학위를 차례로 취득했다. 그리고 급속히 호주 현지 통일전선 조직과 깊은 관계를 맺었다. 그는 수년간 호주 수도인 캔버라 중국학생학자연합회 회장을 지냈고, 뉴질랜드의 오클랜드로 옮긴 뒤에도 화교 사회의 각종 활동에서 지도급 역할을 맡았다.[119]

양젠은 국회에 입성한 후 뉴질랜드 정부의 대중국 전략 수립에서 홍보와 지원을 맡는 중심인물로 활약했고, 정부와 뉴질랜드 화교 사회를 잇는 가교역할을 담당했다. 2014년부터 2016년까지 양젠은 국회에서 외교, 국방, 무역 특별위원회 위원으로 활동했다. 양젠은 존 키(John Key) 총리와 그의 후임 빌 잉글리시(Bill English) 총리의 중국 방문에 동행했고, 중국 고위급 지도자가 뉴질랜드를 방문하여 회담을 나누는 자리에도 동석했다. 그는 이런 역할을 통해 뉴질랜드의 대중국 정책 정보에 접근할 권한을 확보하고, 관련 역할까지 맡을 수 있었다. 정상적인 상황이라면 중국에서 양젠과 같은 군사정보 분야의 이력을 지닌 인물이 뉴질랜드의 외교 업무를 취급할 정도의 보안 등급을 부여받는 것은 불가능할 것이다. 그런데 그는 선출직 의원이므로 보안 등급 면제 특권이 부여된다.

2016년 양젠 국회의원과 오클랜드 주재 중국 총영사가 뉴질랜드를 방문한 중국 과학자들과 면담하고 있다.

양젠 박사는 국회에 입성한 이후 화교 사회 내에서 국민당의 주요 조직 책임자이자 자금 모집원 역할을 맡아왔다. 예컨대 2014년에 존 키 총리가 후원금 모집 만찬에 참여한 자리에서도, 양젠 박사가 주최한 경매를 통해 익명의 부유한 화교 유권자들이 국민당 선거 운동 자금으로 무려 20만 달러를 내놓았다.[120] 2016년에도 양젠 박사는 존 키 총리와 함께 또 다른 모금 행사에 관여했다. 뉴질랜드 국기를 바꾸는 데 필요한 기금 마련 행사였다. 9명이 정원인 비공개 오찬 행사에 참석한 익명의 중국인 기부자 6명(나머지는 양젠 박사와 국민당 의원 니키 케이(Nikki Kaye)였다.)이 국기 변경 프로젝트에 총 10만 달러를 기부했다. 중국인 기부자들은 기존 국기에 포함된 유니온잭을 없애달라고 요구했다. 중국에서 행한 영국의 제국주의가 연상된다는 것이 그 이유였다.[121] 양젠은 중국 대사관 및 뉴질랜드 화교 사회와 관련된 가장 공식적인 행사에 모습을 보인다.[122] 뉴질랜드 언론은 최근 3년간 양젠 박사가 뉴질랜드안보정보청(New Zealand Security Intelligence Service, NZSIS)으로부터 조사를 받아왔다고 보도했다.[123]

양젠보다 그 정도가 훨씬 더 심하면서도 최근 논란이 불거지기 전까지 뉴질랜드의 비중국어 언론에선 별로 보도되지 않았던 인물이 바로 뉴질랜드 노동당 화교 의원 레이몬드 후오(霍建强, Raymond Huo)다. 그는 뉴질랜드의 중국 통일전선 조직과 공공연히 협력하면서 중국 공산당 정부의 정책을 영어와 중국어 양쪽으로 홍보한다. 레이몬드 후오는 2008년부터 2014년까지 국회의원을 지냈고,

2017년에 의석 하나가 빈 것을 틈타 다시 국회로 복귀했다. 2009 년 뉴질랜드중국화평통일촉진회가 주최한 티베트농민해방일 기념 행사에서 레이몬드 후오는 "중국인"의 자격으로 뉴질랜드 국회에서 중국의 티베트 정책을 대변하겠다고 발언했다.[124]

레이몬드 후오는 주뉴질랜드 중국 대사관과 매우 긴밀한 협력관 계를 유지하고 있다.[125] 2014년, 뉴질랜드 중국어 주간(레이몬드 후 오와 조핸나 코글런(Johanna Coughlan)이 추진하는 프로젝트였다.) 추 진을 논의하는 자리에서 그는 "화교 사회의 고문들은 중국 외교관과 화교 지도자들 간의 긴밀한 협의를 거쳐서 정해진 직책들입니다"라 고 말했다.[126] 그는 또 지공당(致公党, Zhi Gong Party, 통일전선 공 작부 관할의 8개 군소 정당 중 하나)과도 가까운 관계를 맺고 있다. 지 공당은 해외 화교사회를 서로 엮어주는 통일전선 조직의 하나로, 지 공당 간부와 레이몬드 후오가 뉴질랜드일대일로재단 및 싱크탱크를 홍보하는 모임을 개최하는 것만 봐도 알 수 있다.[127]

2017년 뉴질랜드 노동당 선거운동 구호 "렛츠 두 잇(Let's Do It)" 은 사실 시진핑이 했던 "撸起袖子加油干(직역하면 "소매를 걷어붙 이고 열심히 일하자"라는 뜻)"이란 말을 번역한 문구인데, 이런 결정 을 내린 인물도 바로 레이몬드 후오다. 레이몬드 후오는 노동당 선 거 운동 개시를 취재하러 온 기자들에게 "이 구호를 중국어로 번역 하면 시진핑이 신년사에서 중국 인민을 향해 '소매를 걷어붙이자'고 한 말과 똑같은 상서로운 의미"라고 설명했다.[128] 그러나 시진핑의 구호는 중국어 구어체로 "소매를 걷어붙이고 한판 힘내보자"라고 읽을 수도 있는데, 여기서 동사 "撸"은 자위행위라는 뜻을 포함하고 있으므로 상서롭기는커녕 매우 불경스러운 말이 된다.[129] 아닌 게 아니라 시진핑의 구호는 수많은 중국인의 소셜미디어에서 풍자되고 있었다.[130] 그럼에도 이 구호는 오늘날 중국과 해외에서 일대일로를 칭송하는 '정치적으로 올바른(politically correct)' 구호로 채택되었다. 시진핑의 정치 구호를 뉴질랜드 노동당 선거 운동에 사용하는 것만 봐도 레이몬드 후오와 그와 함께 일하는 화교 사회 구성원들이 이 구호가 뉴질랜드 정치 환경에서 어떻게 받아들여질지 전혀 감을 잡지 못한다는 것을 알 수 있다. 2014년 레이몬드 후오가 '라디오 뉴질랜드내셔널(RNZ National)'에 출연해서 중국이 뉴질랜드에 미치는 정치적 영향에 관한 질문을 받았을 때, 그는 이렇게 대답했다. "화교 사회는 대체로 중국이 뉴질랜드에 더 많은 영향을 미치기를 기대하고 있습니다. 화교사회에는 강력한 중국이야말로 심리적으로나 실질적으로나 든든한 후원자의 역할을 한다고 저에게 말하는 분들이 많습니다."[131]

레이몬드 후오가 트위터를 통해 시진핑의 구호를 번역한 문구를 저신다 아던의 선거 구호로 발표하고 있다. 「뉴질랜드 헤럴드(New Zealand Herald)」 중국어 웹사이트 편집자 하오펑(Hao Peng)이 이 아이디어에 로열티를 내야겠다고 밑에 댓글을 달았다

2017년 선거에서 뉴질랜드 노동당이 선출한 또 한 명의 화교 출신 후보도 통일전선과 깊은 관련이 있는 인물이었다. 그녀는 오클랜드대학교 법학과에 재학 중인 첸나이시(陈耐锶, Chen Naisi)라는 학생이었다.[132] 첸나이시는 뉴질랜드학생학자연합회 회장이자 이 단체의 오클랜드 지부 공동회장을 맡고 있었다. 그녀는 뉴질랜드중국 텔레비전 방송과의 인터뷰에서 자신은 "정치에 전혀 관심이 없지만", 국회의원직은 자신이 현재 대표를 맡은 학생학자연합회의 이익을 대변할 무대가 될 것이라고 말했다.[133] 따라서 첸나이시, 레이몬드 후오, 그리고 양젠이 만약 2017년 선거에서 국회의원으로 피선된다면(그들의 노동당 공천순위를 보면 그럴 가능성이 매우 크다.),³ 해외 중국인 학생과 학자를 관리하는 통일전선 조직의 리더, 중국 군사정보 기관에 15년이나 근무한 사람, 그리고 중국 통일전선 공작에 매우 활발하게 참여한 인사가 뉴질랜드 국회에 버젓이 자리를 잡게 된다. 뉴질랜드 화교 한 사람이 트위터에서 풍자조로 언급했듯이, 이들이 모두 국회에 들어간다면 뉴질랜드 국회에 중국 공산당 당세포 조직을 만들기에 충분한 인원이 된다.[134]

시진핑 정부는 화교들에게 가능한 한 더 많이 정치에 참여하도록 독려하고 있는데, 정치에 적극적으로 참여하는 중요한 방법의 하나

---

3 양젠과 레이몬드 후오 둘 다 2020년에 의원직에서 물러났다. 그러나 양젠을 승계한 뉴질랜드 국민당의 낸시 루(Nancy Lu) 역시 통일전선과 연계된 인물이다(사크데바(Sachdeva), 2020). 낸시 루는 2020년 선거에서 선출되지 않았지만, 계속해서 국민당의 화교 대표역을 맡고 있다. 첸나이시는 2020년 선거에서 선출되었다.

가 바로 정치자금을 기부하는 것이다. 뉴질랜드 선거관리위원회는 2007년부터 정당과 후보자에게 주어지는 1,500달러 이상의 정치 후원금에 대해 연간보고서를 발간해왔다. 그러나 만찬 행사나 경매를 통한 '자선' 모금은 이 조사에서 제외된다. 2017년에 발행된 「선데이 스타-타임스(Sunday Star-Times)」 보도에 따르면 뉴질랜드 국민당이 받은 정치 후원금의 83퍼센트(6년간 870만 달러)가 익명의 기부자로부터 받은 것이며, 뉴질랜드 노동당 역시 후원금의 80퍼센트(280만 달러)를 익명의 기부자로부터 받았다고 한다.[135] 따라서 내역이 명시된 기부금은 기껏해야 일부에 불과하다는 뜻이지만, 이것만으로도 2007년부터 2017년까지의 기간 사이에 정당이 받은 거액의 후원금이 어떤 동향을 보여주고 있는지를 충분히 알 수 있다.

뉴질랜드 국민당이 집권한 기간은 2008년부터이며, 이것은 이 기간에 국민당이 중국과 정치적으로 가까운 관계에 있는 중국인 기업가들로부터 상당액의 기금을 후원받은 이유를 설명해준다. 국민당이 실권했거나, 2016년 오클랜드 시장 선거에서처럼 승리할 가능성이 별로 없었을 때 후원금이 뉴질랜드 노동당으로 옮겨간 것만 보아도 알 수 있는 일이다. 호주에서 이와 유사한 사안을 조사할 때 사용된 모델에 따라서[136] 진행한 이번 예비 조사에서, 필자는 통일전선 조직에 가입했거나 중국과 가까운 관계에 있다는 증거가 명확한 기부자들에게 초점을 맞추었다.

2007년 한 해 동안, 뉴질랜드중국화평통일촉진회 회장 스티븐 와이청웡(黃玮璋, Steven Wai Cheung Wong)은 뉴질랜드 노동당에 총 2회에 걸쳐 1만 9,000달러와 2만 3,000달러를 각각 기부했다. 그러나 2007년부터 2017년까지 고액 기부자 명단에서 그의 이름을 다시 찾아볼 수는 없었다. 처웨이싱(车卫星, Che Waixing, 또는 크리스틴 치와싱(Christine Chee Waxing)이라고도 한다.)은 뉴질랜드 국민당에 2016년에 1만 9,468달러,[137] 그리고 2015년에도 1만 5,800달러를 기부했다.[138] 처웨이싱은 뉴질랜드쑹칭링재단과 뉴질랜드 칭다오협회, 산둥협회, 뉴질랜드차오저우협회 등의 고위급 명예직과,[139] 뉴질랜드중국화평통일촉진회 오클랜드 지부 부회장을 맡고 있다.[140] 그녀는 또 구시부동산(Qiushi Property) 및 애크미롱한 빌딩컴퍼니(Acme Longhan Building Company)의 이사이기도 하다. 호주에서 화평통일촉진회는 호주 정치인들에게 가장 많은 금액을 기부하는 단체 중 하나다. 아래에 설명하겠지만 뉴질랜드에서는 호주와 다소 다른 추세를 보인다.

홍콩에 거주하는 자오우셴(沈兆武, Zhao Wu Shen)과 수전 초우(周素珍, Susan Chou, 또는 Zhou Suzhen) 부부는[141] 뉴질랜드의 콘투진완엔터프라이즈그룹(Contue Jinwan Enterprise Group) 및 중국의 캉주엔터프라이즈(康居企业集团, Kangju Enterprise)의 소유주다. 자오우셴과 수전 초우는 지난 10년간 중국과 뉴질랜드에서 여러 문화 및 사회 활동을 후원했고, 중국 정부와 긴밀하게 협조하면서 정부의 크고 작은 프로젝트에 자금을 제공했다.[142] 이 부부는 뉴질랜드에서도 주요 정치 후원자로 활동한다. 2007년 수전 초우는 뉴질랜드 노동당에 4만 1,000달러를 기부했다. 그리고 2010년에는 뉴질랜드 국민당에 20만 달러를,[143] 2011년에는 추가로 10만 달러를 후원했고,[144] 2014년에는 가족기업인 콘투진완엔터프라이즈가 20만 212.36달러를 내놓았다.[145] 이 부부는 2014년에 뉴질랜드 국민당 의원 양젠이 주최하고 존 키가 참석한 중국인 부자 대상의 비공개 자선행사에 참석했는데,[146] 이 자리에서 국민당 선거운동 자금으로 20만 달러가 모였다고 한다.

2014년, 뉴질랜드 국민당 대표 피터 굿펠로우와 국민당 의원 양젠이 중국을 방문하여 수전 초우가 진행하는 행사에 참석한 모습.

*사진 출처 : http://www.xacontue.com/a/xinwenzixun/pinpaixinwen/21.html

자오우셴은 데이터 저장 및 암호 서비스 업체인 메가업로드(Mega Upload)의 주요 투자자다.[147] 이 사이트의 설립자는 논란의 주인공인 '킴 닷컴(Kim Dotcom)'이라는 사람으로, 자금세탁과 저작권 침해 혐의로 미국 정부가 뉴질랜드에서 신병 인도를 추진하는 인물이다. 메가업로드의 또 다른 대주주이자 뉴질랜드중국기업인협회(NZCBA) 회장인 제시 은구이(Jesse Seang Ty Nguy)는, 자금세탁 혐의로 유죄 판결을 받고 중국에서 일명 '비아그라의 아버지'로 불리는 류양(Liu Yang, 또 다른 이름은 얀용밍(Yan Yongming)이다.)의 대리인으로 알려져 있다.[149] 자오우셴과 류양도 긴밀한 관계를 유지하는 사이다.[150] 제시 은구이 역시 콘투진완엔터프라이즈그룹과 자오우셴의 다른 기업에서 이사를 맡고 있다. 뉴질랜드중국기업인협회 간부진에는 화교 사회의 지도급 인사가 포함되어있다. 예컨대 뉴질랜드 국민당 의원 팬시 웡(Pansy Wong)의 남편인 새미 웡(Sammy Wong)은 국민당과 가까운 한편으로 뉴질랜드 내의 중국 통일전선 공작에도 깊이 연루되어있다. 예를 들면 그는 알파 그룹(Alpha Group)의 회장 가오웨이(高炜, Gao Wei)와 가까운 사이다.[151]

가오웨이는 최근 들어 자신의 회사 알파그룹홀딩스를 통해 뉴질랜드 국민당에 주요 후원자가 된 사람이다.[152] 알파그룹홀딩스는 국민당에 2017년에 11만 2,000달러, 2014년에는 5만 달러를 후원했다.[153] 가오웨이는 뉴질랜드와 중국의 고위급 정치인과 매우 가까운 관계를 유지해왔다.[154] 그는 푸젠성화교기업협회 의장이며,[155] 뉴질랜드중국경제과학촉진협회 부회장,[156] 뉴질랜드푸젠상공회의소상무위원회 부회장,[157] 뉴질랜드푸젠인연합회 부회장, 제3세계청년회의 사무총장, 지린성화교기업인연합회 회장,[158] 구이린화교기업협회 의장, 중국귀국화교연합회 회원 등의 직함을 가지고 있는데, 이들 모두가 통일전선과 관련이 있는 조직이다.

2015년 푸젠성화교기업협회가 주최하는 기념행사에 참석한 뉴질랜드 국민당 대표 피터 굿펠로우와 가오웨이 및 가오위화이의 모습.

* 사진 출처 : http://fcxlm.com/content/?1894.html

알파그룹홀딩스의 이사회 회장인 가오위화이(Gao Yihuai) 박사도 중국 화교 공작의 고위급 지도자다.[159] 알파그룹홀딩스의 총괄 관리자인 매기 첸(陈丽华, Maggie Chen)은 오랫동안 뉴질랜드의 중국어 신문인 「차이니즈 헤럴드(Chinese Herald)」의 편집장을 맡아왔으며, 뉴질랜드쑹칭링재단의 부회장이기도 한 인물이다. 이 재단 역시 뉴질랜드 내의 중국 공산당뿐만 아니라 중국과도 긴밀한 관계를 유지하는 조직이다.[160] 이 재단은 통일전선 조직으로서 예컨대 화교 청소년 캠프를 주최하여 중국계 청소년들이 중국과 중국 문화와 깊이 관계를 유지하도록 하는 등의 다양한 활동을 병행한다.[161] 매기 첸은 「차이니즈 헤럴드」를 통해 뉴질랜드와 중국 양쪽에 모두 도움이 된다는 명분으로 수많은 자선행사를 개최했고, 통일전선공작부의 요구에 따라 화교 사회의 관련 모임을 여러 차례 주선했다.[162]

2011년, 시더이(石德毅, 또는 스톤 시(Stone Shi))는 뉴질랜드 국민당에 5만 6,500달러를 후원하고 그 대가로 존 키와 골프 약속을 잡았다.[164] 두 사람의 게임 장면이 담긴 사진은 지금도 오라비다(Oravida)사의 광고에 사용되고 있다.[165] 시더이는 2013년에 오라비다를 통해 3만 달러를 추가로 후원했고, 2016년에는 그가 직접 5만 달러, 2017년에 또 5만 달러를 내놓았다.[167] 시더이는 상하이자청투자관리유한공사(上海嘉诚投资管理有限公司)의 CEO지만, 뉴질랜드에서는 중국에 본사를 둔 유제품 기업 오라비다의 이사로 더 잘 알려져 있다. 그는 2016년에 오클랜드의 제2공항인 아드모어 공항(Ardmore airport)을 매입하기도 했다.[168] 시더이는 2005년에 중국에서 사기 사건에 연루되었다. 그의 동업자는 종신형을 선고받았고, 그는 부채 상환 및 배상 명령을 받았다.[169] 시더이는 현재 공산당 자본가들의 모임인 상하이기업인연합회(上海新沪商联合会)의 윤번제 회장직을 맡고 있다.[170] [171] 이 모임은 중국 최고의 유력 기업 2,000개가 가입된 중국상공회의소(中华全国工商业联合会, All-China Federation of Industry and Commerce)와 통일전선공작부의 감독을 받는 조직이다. 상하이기업인연합회는 중국에서 관민 합작의 통로 역할을 하는 조직이다.[172] 현재 이 조직은 뉴질랜드중국무역협회와 업무제휴협약(MOU)을 맺고 있다.[173]

"오라비다 회장이 뉴질랜드 총리와 골프를 즐기고 있다."

* 사진 출처 : http://www.oravida.com/newsdeitails.aspx?id=137.

시더이는 2010년에 오라비다의 전신인 키위데어리(Kiwi Dairy) 사를 테리 리(Terry Lee)로부터 매수했다. 이 테리 리라는 인물은 또 상하이펑신과 관련이 있다.[174] 뉴질랜드 국민당 정부의 전 총리 제니 쉬플리(Jenny Shipley)는 현재 오라비다의 이사직을 맡고 있는데, 국민당 의원 주디스 콜린스(Judith Collins)의 남편 데이비드 웡텅(David Wong-Tung)도 2017년부터 약 5년간 같은 회사 오라비다의 이사를 역임했다.[175] 주디스 콜린스는 오라비다가 중국 수출에 문제를 안고 있을 때 중국 세관 당국자 및 시더이와 사적인 만찬을 가진 일 때문에 그녀가 과연 오라비다와 어떤 관계인지를 놓고 언론의 주목을 한 몸에 받았던 적이 있다.[176] 뉴질랜드 국민당 정부는 이후 오라비다가 국경 문제를 해결하는 데 도움이 되라며 6,000달러를 제공하기도 했다.[177]

2013년에 판샤오먀오(Fan Xiaomiao)는 뉴질랜드 국민당에 6만 2,132.18달러를 기부했고,[178] 2011년에는 남편 장야순(Zhang Yaxun)과 함께 4만 3,526.41달러를 후원했다.[179] 장야순 부부는 허난성저우판사업투자공사(河南省卓凡事業投資公司, Henan Province Zhou Fan Investment Company)와 뉴질랜드에 있는 7개 기업의 소유주로, 이 회사들은 대부분 농업과 관련이 있다. 장야순은 뉴질랜드 허난성상공회의소 의장이자, 허난성인민대외우호협회 회원이다.[181] 뉴질랜드 허난성상공회의소도 통일전선 조직의 하나다.[182]

칼 예(叶青, Karl Ye 또는 예칭(Ye Qing))가 운영하는 GMP데어리유한회사(GMP Dairy Ltd)는 2015년에 뉴질랜드 국민당에 2만

5,338뉴질랜드달러를 후원했다.[183] GMP데어리유한회사의 지분 구성을 보면 선라이트부동산개발(Sunlight Property Development, 이 회사는 2016년에 에버그란데(Evergrande, 헝다그룹)에 인수되었다.) 이 51퍼센트, 칼 예가 자신의 회사 GMP제약(GMP Pharmaceuticals)을 통해 49퍼센트를 각각 소유하고 있다. GMP제약의 이사직은 칼 예와 그의 가족이 맡고 있으며, 2017년 4월부터는 뉴질랜드 총리 빌 잉글리시와 형제 관계인 코너 잉글리시(Conor English)가 여기에 합류했다.[185]

칼 예는 호주-뉴질랜드중국건강산업포럼을 창립한 사람이다. 이 모임은 중국의 정부조직 부문과 뉴질랜드 및 호주의 건강산업 분야를 잇는 조직이며,[186] 칼 예는 1990년대 초반에 호주로 이주한 이래 줄곧 호주중국학생학자연합회와 같은 통일전선 조직과 관련을 맺어왔고, 지금도 회사 공식기록에는 이 단체의 사무실이 그의 집 주소로 등록되어있다. 2012년에 GMP제약의 계열사 코왈라(Cowala)가 중국에서 사용한 광고 자료에는 존 키 총리가 이 회사 제품을 들고 찍은 사진이 실려있다. 그 해에 존 키는 GMP데어리가 오클랜드에 공장을 설립하도록 허가해주었다. 뉴질랜드 국민당 원로 국회의원 스티븐 조이스(Steven Joyce)와 빌 잉글리시, 그리고 국민당 대표 피터 굿펠로우 등은 모두 GMP의 신제품 발표회에 참석한 적이 있다. GMP는 2016년에 국민당 의원 제이미 리 로스와 스튜어트 스미스가 중국을 방문할 때 여비 일체를 제공했다.[187] [188]

소비자및납세자연합당(ACT) 및 노동당 소속의 뉴질랜드 정치인이 2016년에 오클랜드에서 열린 산둥협회 설립 행사에서 연설하고 있다.

2017년에 내몽고승마산업유한회사(뉴질랜드 법인)의 소유주 랑린(Lang Lin)이 뉴질랜드 국민당에 15만 달러를 기부했다. 이 회사의 배경에는 중국 국영 투자회사인 중신그룹유한공사(CITIC Group)가 있어서, 랑린이 뉴질랜드산 경주마를 수입해 중국의 승마 산업을 확장하는 일을 후원하고 있다.[189] 중신그룹유한공사가 설립된 것 역시 통일전선공작부의 지원 하에 이루어진 일이었다.[190] 4

---

4   한국에서는 국회의원 출신인 홍정욱 회장이 이끄는 기업 올가니카가 올해(2022년) 1월 중신그룹유한공사(CITIC Group)의 씨틱캐피탈(CITIC Capital)로부터 3,600만 달러(약 430억원) 규모의 투자를 유치해서 화제가 됐던 적이 있다. 홍 회장이 투자를 자축하는 페이스북 게시물을 올리자 안철수 당시 국민의당 대통령 후보가 해당 게시물에 축하 댓글을 달기도 했는데 이 역시 화제가 됐다. 중신그룹유한공사에는 2015년에 이부진 호텔신라 사장이 사외이사로 선임됐던 적도 있다.—옮긴이

내몽고승마산업유한회사의 중국어 웹사이트에 포함된 홍보자료에 랑린(Lang Lin)과 직원들이 시진핑 중국 수석과 존 키 뉴질랜드 총리를 접견하는 장면이 나온다.

* 사진 출처 : http://www.riderhorse.com/cn/about

뉴질랜드 노동당 대표와 국회의원을 지낸 필 고프(Phil Goff)는 2016년 오클랜드 시장선거를 성공적으로 치르는 동안, 화교 사회가 주최한 자선 경매와 만찬 행사를 통해 36만 6,115달러를 후원받았다.[191] 이 행사는 노동당 의원 레이몬드 후오가 주최한 것이었다.

행사 참석 티켓은 장당 1,680달러에 팔렸다. 자선 경매 행사의 성격상 필 고프는 자신에게 후원한 사람의 이름을 밝힐 의무가 없었지만, 여기서 등장한 아이템 하나가 신문 1면 기사를 장식했다. 친필 서명이 담긴 『시진핑 선집』 한 권이 경매에 나왔고, 중국인 한 사람이 이를 무려 15만 달러에 낙찰받은 것이었다.[192] 한 참가자는 이 행사에 그토록 많은 사람이 참석해서 물건마다 그렇게 높은 가격을 부른 이유는, 다들 필 고프가 다음 시장에 선출되리라고 철석같이 믿었기 때문이라고 말했다.[193] 개별 후원을 통해 필 고프에게 가장 많은 금액인 5만 달러를 제공한 기부자는 후와뉴질랜드유한회사(Fuwah New Zealand Ltd)였다. 이 회사는 오클랜드 해변에 5성급 호텔을 지은 중국인 소유의 회사로, 뉴질랜드일대일로추진위원회와 긴밀한 협력관계를 유지하고 있었다.[194]

2016년, 필 고프가 뉴질랜드중국화평통일촉진회 오클랜드지부 부회장 처웨이 싱과 파쿠랑가(Parkuranga)에 있는 그녀의 집에서 면담하는 모습.

*사진 출처 : https://www.flickr.com/photos/88452641@N08/sets/72157767187513973

외국인을 이용해 중국을 이롭게 하라

중국은 외국 정부와 당대당 관계를 발전시킨다는 정책을 오랫동안 추진해왔으나, 시진핑 정부는 이를 더욱 강력하게 밀어붙였다. 이렇게 되면 국제무대에서 중국의 이미지와 합법적 지위가 제고되고, 뉴질랜드 정부는 문자 그대로 중국과 '정치적 관계를 수립할 권리'를 얻었다고 생각할 것이 틀림없다. 뉴질랜드 총리(2008년부터 2016년까지 존 키, 2016년부터 2017년까지는 빌 잉글리시, 2017년부터 현재까지는 저신다 아던), 뉴질랜드 국민당 대표인 피터 굿펠로우, 그리고 뉴질랜드 국민당 의원인 양젠은 이 전략의 핵심 인물로, 중국 언론이 뉴질랜드-중국 관계를 보도할 때 가장 많이 등장하는 이름이 바로 이들이다. 재미있는 것은 피터 굿펠로우와 양젠은 (최근 논란이 불거지기 전까지) 뉴질랜드-중국 관계를 거론하는 영문 기사에는 별로 등장하지 않고, 대신에 총리, 외무부 장관, 국방부 장관 등이 주로 거론된다는 사실이다.

정부와 연이 닿는 전직 정치인들은 상당히 가치 있는 자산이다. 중국의 외교 업무는 항상 정치권력에 줄을 댈 수 있는 외국인과 협력함으로써 중국의 외교정책을 지원하는 방법을 취해왔다.[195] 그러나 최근에는 외국의 정치 지도자를 이용하여 경제적, 정치적 관계를 동시에 추구하는 방향을 택하고 있다. 중국의 통일전선공작은 언제나 민간인을 통해 진행하지만, 그 끝은 결국 정치적 목적에 있다. 중공 통일전선 기관과 그 공작원들의 과업은 외국인 및 화교와 관계를 수립하여 해당 국가의 정책에 영향을 미치고, 바꾸며, 때로는 우회함으로써 결국 국제 사회에서 중국의 이익을 추구하는 것이다.[196] 1997년에 캐나다의 왕립기마경찰대(RCMP)와 안보정보청(CSIS)이 공동으로 작성한 보고서에 따르면 캐나다의 고위급 정치인을 접촉하는 인사들은 주로 캐나다 내에 있는 중국 기업이나 중국으로부터 자금을 지원받는 기관에 재직하는 고위직 인사들로 파악되었다고 한다.[197] 이런 사례는 뉴질랜드에서도 똑같이 관찰된다. 뉴질랜드 언론과 국회에서도 이런 수상한 관계에 관한 의혹이 계속해서 제기되어왔다. 아래에 구체적인 사례를 몇 가지 열거한다.

뉴질랜드 국민당 대표를 역임한 돈 브래시(Don Brash) 박사는 뉴질랜드 중국공상은행(中國工商銀行, Industrial and Commercial Bank of China) 뉴질랜드 지부의 회장에 올랐고, 국민당 전 국회의원 루스 리처드슨(Ruth Richardson)과 크리스 트리메인(Chris Tremain)은 중국은행(中國銀行, Bank of China) 뉴질랜드 지부의 이사를 맡았다. 한편 제니 쉬플리(Dame Jenny Shipley) 전 총리는 현재 중국건설은행(中國建設銀行, China Construction Bank) 뉴질랜드 지부의 회장이며 6년간 중국건설은행 이사를 지냈다. 그녀는 또 오라비다의 이사장도 겸하고 있다.[198] 국민당 국회의원과 재무장관을 지낸 루스 리처드슨은 신래팜스(Synlait Farms)의 이사를 역임하고 현재 신래유업(Synlait Milk)의 이사를 맡고 있다. 현재 상하이 펑신(이 회사는 우주개발 분야와 함께 뉴질랜드 낙농업에도 관심을 보이는 것으로 알려져 있다.)이 신래팜스의 지분 74퍼센트를 보유하고 있다. 국민당 국회의원 주디스 콜린스(Judith Collins)의 남편 데이비드 윙텅(David Wong-Tung)은 오라비다 이사를 5년간 역임했다.[199] 전 국민당 국회의원 팬시 웡의 남편 새미 웡은 퍼시픽파워디벨롭먼트사가 중국북차(中国北车, China North Rail, CNR)와 계약을 맺고 키위레일(KiwiRail, 뉴질랜드의 국영 철도기업. – 옮긴이)에 기관차 20량을 공급하는 데 일조하기도 했다. 중국북차는 또 키위레일에 300량의 평탄 트레일러 차량을 공급하는 2,900만 달러 규모의 계약을 따낸 바도 있다.[200]

최근에는 존 키 전 뉴질랜드 총리가 미국 미디어엔터테인먼트기업 컴캐스트(Comcast)를 대신해 이 회사의 중국 사업을 지원하는 역할을 맡고 있다. 2017년 7월, 존 키는 주중국 뉴질랜드 대사가 배석한 가운데 중국의 리커창 총리, 베이징 시장 대행, 그리고 중국 문화관광부장 등과 만났다.[201] 2017년 9월, 뉴질랜드 언론은 오클랜드 파넬 지구에 자리한 존 키 소유 대저택의 3분의 2 지분을 누가 얼마에 매입했는지를 놓고 강력한 의혹을 제기했다. 이 저택의 매매가는 200만 뉴질랜드달러였고, 매입자는 익명의 중국인이었다. 존 키는 해당 거래에 관한 질문에 일체 답변을 거부했다.[202]

왼쪽부터 오클랜드 주재 중국 참사관 장판(Zhang Fan), 중국 총영사 수어웬(Xu Erwen), 뉴질랜드 총리 존 키(John Key), 알파그룹의 가오웨이(Gao Wei), 전 총리 제니 쉬플리(Jenny Shipley), 그리고 오클랜드 시장 스티브 채드윅(Steve Chadwick)이 2015년 알파그룹의 신축 건물 개소식에 참가한 모습.

* 사진 출처 : http://www.cnz.chinesetown.co.nz/shopone.php

뉴질랜드 제5의 도시 와이타케레의 전 시장 밥 하비(Bob Harvey)는 현재(2017년) 뉴질랜드일대일로추진위원회의 회장을 맡아 오클랜드의 기반시설 프로젝트를 중개하고 있다. 뉴질랜드 남섬 동쪽에 자리한 크라이스트처치의 시장을 역임한 밥 파커(Bob Parker)는 신두그룹(Xindu Group)의 회장으로, 이 회사 역시 화두건설(Huadu Construction)과 제휴를 맺고 크라이스트처치에서 건설 프로젝트를 추진하고 있다.[203] 밥 파커는 뉴질랜드 남섬 최대도시인 크라이스트처치의 시장 재임 기간인 2013년 당시 화두건설과 투자 협상을 진행한 적이 있다.[204] 화두건설은 허베이에 본부를 둔 전 중국 국영기업이었다. 크라이스트처치 시의회가 운영하던 크라이스트처치개발공사의 인터내셔널파트너십 대표를 지낸 유진 펑(Eugene Feng)이 현재 화두건설의 CEO다. 화두건설의 뉴질랜드 지사 성격을 띠는 신두는 크라이스트처치에서 여러 개의 아파트 단지와 크라이스트처치 보건 구역, 포트힐스 테마공원 등과 같은 프로젝트를 맡아 진행 중이다.

와이타케레와 크라이스트처치의 두 전직 시장이 중국과 정치적으로 연결된 투자 프로젝트에 관여하고 있다는 사실은 시진핑 시대 통일전선공작의 전형적인 패턴과 잘 맞아떨어진다. 이런 사례에서 보듯이, 지방 정부는 중국이 일대일로창의를 통해 구축하고자 하는 기반 시설 투자를 직접 계획하고 결정할 권한을 가지고 있어 그 중요성이 더 크게 대두된다. 이런 지방 정부와 자매도시 결연을 담당하는 것이 바로 통일전선 조직의 하나인 중화인민대외우호협회(CPAFFC, 줄여서 유시(友协)라고 한다.)다. 2015년부터 중화인민대외우호협회는 중국-뉴질랜드 시장 포럼이라는 연례 행사를 기획, 운영해오고 있다.[205] 제1회 대회에서 시장들은 관광, 교육 및 주력 산업 분야의 교류 협력 방안을 논의하고 그 결과를 샤먼선언(Xiamen Declaration)이라는 공식 성명서로 발표했다.[206]

중화인민대외우호협회는 냉전 시기 중국이 외교적으로 고립되었을 때 중국의 외교에서 매우 중요한 역할을 담당했다. 그러나 1980년대부터 중화인민공화국이 전 세계 거의 모든 국가와 외교관계를 수립하면서 그 중요성이 점차 감소해갔다. 그러다가 시진핑 정권이 각국의 지방 정부와 경제적 프로젝트를 좀 더 활발히 추진하는 전략을 취하면서 중화인민대외우호협회 및 뉴질랜드-중국우호협회(NZCFS)와 같은 해외 지부의 역할이 되살아났다. 뉴질랜드-중국우호협회는 상위 조직인 중화인민대외우호협회와 마찬가지로 1980년대부터 쇠퇴기에 접어들면서 회원 모집에도 난항을 겪었다. 그러나 오늘날 중국과 뉴질랜드 정부 양쪽의 상당한 지원에 힘입어 부활한 뉴질랜드-중국우호협회는 다시 한번 중국의 이익을 위해 열심히 뛰고 있다. 그리고 이번에는 그 목적이 일대일로라는 경제적 목적에 뚜렷이 집중된다.

2012년, 부유한 중국인 부동산개발업자이자 중국 공산당 정부와 긴밀한 관계를 유지해온 사이먼 덩리(Simon Deng Li)가[207] 뉴질랜드-중국우호협회에 활동 강화 명목으로 100만 위안을 기부했다.[208] 같은 해에 중화인민대외우호협회도 100만 위안을 추가로 내놓았다.[209] 이 돈은 현재 뉴질랜드 정부가 직접 운영하는 윈스턴

처칠트러스트(Winston Churchill Trust)라는 연구 기금 조성기관과 연계됨으로써 완벽하게 '현지화'되었다. 중국에서 사업을 펼치기 위해 윈스턴처칠트러스트에 지원금을 신청할 수 있는 자격은 오로지 뉴질랜드-중국우호협회에 회원으로 가입된 사람에게만 주어진다.[211] 뉴질랜드-중국우호협회는 또 이 기부금 두 건을 이용해 뉴질랜드 언론인과 청년들의 중국 방문을 지원했으며, 뉴질랜드에서 중국의 이미지를 제고하는 미술 전시회, 출판 및 기타 활동을 후원하기도 했다.

1997년에 유출된 캐나다 왕립기마경찰대(RCMP)-안보정보청(CSIS) 보고서 '캐나다 내의 중국 정보기관과 삼합회 연계 문제(Chinese Intelligence Services and Triads Financial Links in Canada)'에 따르면, 정치적 목적이나 범죄에 연루된 중국 투자자들은 자신의 외국인 신분을 감추기 위해 해외 기업을 매수하여 현지인 행세를 하며, 이를 바탕으로 외국 투자자가 아닌 현지인 자격으로 해당 국가의 또 다른 회사를 매수해나간다고 한다. 이런 전술은 영향력 공작 활동에 꽤 유용할 뿐만 아니라, 때로는 전략 정보 및 기술을 취득할 기회를 낳기도 한다.[212] 아래에 제시하는 뉴질랜드의 사례는 향후 더 깊이 살펴볼 만한 가치가 충분하다. 2015년, 광치사이언스(Kuangchi Science)는 에어웨이뉴질랜드(Airways) 및 상하이펑신과 계약을 맺고 뉴질랜드에 있는 그들 소유의 낙농장 한 곳에서 지구 대기권의 중간권(mesosphere)에 올려보낼 데이터 전송 목적의 열기구(balloon)를 발사하기로 했다.[213] 2016년, 광치사이언스는 뉴질랜드의 혁신적인 중간권 개척 회사 마틴잭팩

(Martin Jackpacks)의 대주주가 되었다.[214] 2017년에는 화웨이기술 (Huawei Technologies Co Ltd)이 뉴질랜드의 웰링턴빅토리아대학 교 및 링컨대학교와 제휴 협약을 맺었다. 화웨이는 중국 국가안전부 로부터 보조금을 받아왔기 때문에 미국과 호주는 이 회사가 통신 시장 에 진입하는 것을 불허하고 있었다.[216] 화웨이는 크라이스트처치와 웰링턴에 4억 뉴질랜드달러를 투입해 클라우드 데이터센터와 혁신연 구실을 짓겠노라고 약속했고, 현재 원래 계획했던 프로젝트에 필요한 규모를 훨씬 뛰어넘는 데이터 저장용량을 건설하고 있다.[217] 2013년 에 화웨이는 뉴질랜드의 텔레콤(Telecom)사로부터 뉴질랜드에 4G 네 트워크를 구축하는 계약을 따냈다. 텔레콤은 화웨이와 관련해 제기된 보안 문제를 일축했다.[218] 화웨이는 이미 2011년에 통신기술 벤처기 업 투디그리스(2degrees)의 주요 자금지원사가 되어 뉴질랜드 통신 시 장에 중요한 이권을 확보한 상태였다. 현재 투디그리스의 대주주는 마 오리(Māori) 컨소시엄이다.[219] 2014년, 뉴질랜드 항공회사 퍼시픽에 어로스페이스(Pacific Aerospace)가 베이징자동차그룹(北京汽车集团, Beijing Automotive Group)과 제휴를 맺고 중국 시장에 항공기를 판매 하기 시작했다.[220] 그러나 2017년에 퍼시픽에어로스페이스는 중국 제 휴사를 통해 북한에 자동차를 불법 수출한 혐의로 뉴질랜드 관세당국으 로부터 피소되었다. 유엔의 한 보고서에 따르면 퍼시픽에어로스페이스 는 유엔이 지정한 대북 제재 규정을 위반했을 뿐 아니라, 그런 사실을 알 고도 북한에 부품과 정비 교육까지 제공한 것으로 드러났다.[221]

중국의 글로벌 멀티플랫폼 커뮤니케이션 전략

　다른 많은 나라에서도 그랬듯이, 원래 지역단위의 독립적 화교 매체 성격을 띠던 뉴질랜드의 중국어 일반 매체들은 불과 몇 년 사이에 중국의 공식 언론기관으로 변모했다.[222] 뉴질랜드의 중국어 언론 플랫폼들은(친-파룬궁 성향의 「에포크타임스(The Epoch Times)」만 예외다.) 신화통신사와 콘텐츠 제휴 협약을 맺고 중국 관련 뉴스를 신화통신사로부터 제공받을 뿐 아니라 매년 중국에서 열리는 언론 교육 행사에 참석하기까지 한다.[223] 일부 매체는 중국 공산당과 밀접하게 연계된 인사를 고위직에 채용하기도 한다.[224] 시진핑 시대에 해외 중국어 언론을 중국내 언론과 '통합'하려는 시도에 발맞춰, 오늘날 뉴질랜드의 중국어 언론기관들도 중국 공산당 선전 당국의 '지침'을 적극적으로 따르고 있다. 이 정책의 구체적인 사례를 아래에 몇 가지 들었다.

　먼저 오클랜드의 중국어 신문 중에 선두를 달리는 「차이니즈 헤럴드」는 중국 영사와[225] 가까운 사이이며 중화전국화교연합회(中华全国华侨联合会, All-China Federation of Overseas Chinese)와도 협력하는 신문이다.[226] 이 신문은 원래 순수한 독립언론이었지만, 다른 신문과 마찬가지로 중국 언론통제 기관의 입김에 서서히 '동화'되어갔다. 독립언론이 '동화'된 또 다른 예로, 오클랜드 유일의 24시간 중국어 라디오 방송 FM 90.6이 2011년에 중국국제방송(CRI)의 계열사인 글로벌CAMG에 인수된 일을 들 수 있다.[227] FM 90.6

은 이제 모든 뉴스를 중국국제방송과 그 호주 지국으로부터 받아 방송을 내보낸다. 글로벌CAMG가 운영하는 또다른 언론으로는 판다TV(Panda TV)와 채널37(Channel 37), 「차이니즈타임스(Chinese Times)」, 그리고 키위스타일(Kiwi Style) 등이 있다.[228]

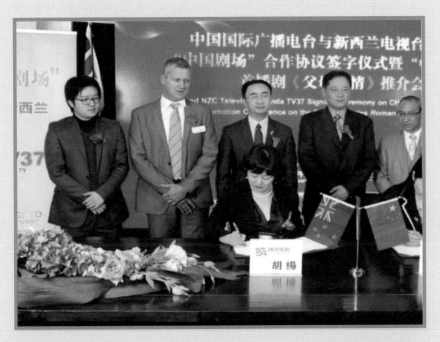

2017년 2월, 글로벌CAMG 이사 스텔라 후(Stella Hu), 중국국제방송 이사 왕겅니안(Wang Gengnian), 뉴질랜드 국민당 국회의원 양젠(Yang Jian)이 중국 드라마에 영문 자막을 입혀 뉴질랜드에 방송하기로 한 협약식에 모습을 드러냈다. 이 행사에서 양젠은 중국 TV드라마를 가리켜 "중국 소프트파워의 상징"이라고 말했다.

2014년 신화통신사는 뉴질랜드 1위의 중국어 멀티플랫폼 웹사이트 스카이키위(Skykiwi)와 광범위한 제휴 협약을 맺었고,[229] 이후 이 사이트는 중국-뉴질랜드 간 커뮤니케이션을 매개하는 쌍방향 채널이 되었다. 스카이키위는 자사 웹사이트에 신화통신사의 뉴스 콘텐츠를 게재할 뿐 아니라 데이트 프로그램 '당신이 그대라면(非成无饶, If You Are the One)'같은 중국어 인기 방송을 제작해서 뉴질랜드에서 먼저 방영한 뒤 중국의 TV 방송에 제공한다. 또 스카이키위가 뉴질랜드에서 방송하는 중국 국민과 중국 공산당 정부의 정책에 관한 내용은 중국 국무원교무판공실(OCAO)의 온라인 콘텐츠로 사용되기도 한다.[230] 2017년 6월, 스카이키위의 편집장 댄 귀지(Dan Guizhi)는 국무원교무판공실 선전국이 주관하는 화교언론 포럼에 나가 연설한 적이 있다.[231] 2015년, 중국 공산당 중앙선전부 부부장 선지준(Sun Zhijun)이 스카이키위를 방문하여 "중국을 선전하라(Tell China's story)"는 지침을 하달했다.[232] 이 말은 시진핑 시대 중국의 대외 선전전을 상징하는 대표적인 문구이기도 하다.

선지준이 스카이키위 직원들에게 지침을 하달하는 가운데, 뒤편에 중국 총영사
뉴칭바오(Niu Qingbao)가 그의 말을 경청하며 서 있다.

*사진 출처 : http://radio.skykiwi.com/report/2015-09-09/204419.shtml

2015년, 오클랜드에 본부를 둔 중국어 TV 네트워크 월드 TV(World TV)가 대만 프로그램 방송을 중단하는 결정을 내려 논란이 된 일이 있었다.[233] 1998년에 홍콩과 대만 출신 뉴질랜드인들이 설립한 이 방송은 총 7개의 채널과 2개의 라디오 방송국을 운영하는 곳이었다. 월드TV는 2010년부터 중국국제방송과 제휴 관계를 이어오던 터였다.[234] 2016년, 중국신화신문전시망(中国新华新闻电视网, China Xinhua News Network TV)이 뉴질랜드에 독자 텔레비전 방송인 TV33을 개국했다.[235] 2017년에는 젊은 중국인 사업가 두 사람이 NCTV라는 텔레비전 채널을 개설했는데, 이 방송 역시 신화통신사로부터 뉴스를 받고 중국 국영 방송을 내보냈으며, 자체적으로 제작한 프로그램을 중국에서 방송한다는 목표를 세웠다.[236]

2017년 6월, 국무원교무판공실은 오클랜드의 랭함호텔(Langham Hotel)에서 해외 중국 매체와 국내 매체의 통합을 논의하는 '통지회의'를 개최했다. 이 자리에는 국무원교무판공실 리궈훙(Li Guohong) 부주임과 중국의 여러 언론통제 기관의 고위 관리, 뉴질랜드 중국어 매체의 대표들, 화교 사회 대표단, 그리고 뉴질랜드 노동당 국회의원 레이몬드 후오 등이 참석했다.[237] '통지회의(通气会)'란 중국 공산당이 중국의 국내 언론을 상대로 쓸데없는 흔적을 남기지 않기 위해 직접 지침을 하달하는 주요 수단 중의 하나다. 당의 명령이 국가의 법보다 더 우위에 있는 중국의 현실을 잘 보여주는 장면이라 할 수 있다.[238]

2017년 6월 21일 랭함호텔에서 국무원교무판공실 대외선전부 부주임 리궈훙 (Li Guohong)과 TV33의 대표 겸 국장 쩡지안팅(Zheng Jianting)이 함께 한 모습.

* 사진 출처 : https://www.aoweibang.com/view/30713278/

중국이 뉴질랜드에서 언론 통제권을 장악하려는 시도는 1990년대 초에 중국 공산당 당국이 경제 개혁을 시작한 이래 취해온 정책을 그대로 따르는 것이다. 공산당을 비롯한 몇몇 주체들이 언론사를 소유함으로써 당이 정치권력을 통째로 차지하게 된다.[239] 캐나다의 매스커뮤니케이션 학자 자오웨즈(Zhao Yuezhi)는 "(중국의 언론은) 정당의 기본 방침과 핵심 사안 사이에 존재한다"는 유명한 말을 남겼는데,[240] 뉴질랜드에서도 기본적으로 똑같은 패턴이 반복되고 있는 셈이다.

중국은 다른 나라에서도 그렇듯이 뉴질랜드의 주류 언론이 중국에 대해 보도하는 방식을 관리하는 데 상당한 노력을 기울였다. 뉴질랜드 국민당 정부는 이런 중국을 향해 "튀지 않겠다(no surprises)"는 정책으로 화답했다. 역시 수많은 나라에서와 마찬가지로 중국 외교관들은 중국에 비판적인 발언을 하는 뉴질랜드의 학자와 언론, 정치가 및 기타 유력인사 등을 강하게 압박한다. 중국의 고위급 정치인인 우방궈(吳邦國, Wu Bangguo)가 2007년에 뉴질랜드를 방문했을 때, 뉴질랜드 녹색당 국회의원이자 공동 대표였던 로드 도널드(Rod Donald)가 뉴질랜드 국회의사당 계단에 티베트의 공식 깃발을 펼치자마자 곧바로 중국 측 당국자들이 달려들어 그를 제지하며 에워싸버렸다.[241] 2007년에 뉴질랜드 국회 출입 기자 닉 왕(Nick Wang)은, 중국 국무원 부총리 쩡페이옌(Zeng Peiyan)과 뉴질랜드 노동당 부총리 마이클 쿨렌(Michael Cullen)이 같이 사진을 찍는 자리에서 "중국 측 보안 관계자"에 의해서 쫓겨났다.[242] 2015년에는 필자 역시 비슷한 일을 경험한 적이 있다. 중국의 남극 담당 관계자가 캔터베리대학교와 안타티카 뉴질랜드(Antarctica New Zealand, 뉴질랜드가 남극대륙을 관리하기 위해 설립한 연구소. - 옮긴이), 크라이스트처치 시의회, 주중국 뉴질랜드 외교관 등에 압력을 넣었다. 중국과 남극에 관해 연구한 필자의 미발표 논문 내용, 그리고 필자가 뉴질랜드의 방송사인 TVNZ에 나가 중국이 남극에 매장된 광물에 대해 어떤 권리를 주장하는지 순전히 사실관계만 다뤘던 일을 지적하면서 그런 문제를 다룰 때는 조심해서 다루라고 요구했던 것이다.[243] 이런 부당한 간섭은 학문적 자유의 원칙을 끝끝내 고수한 캔터베리대학교 부총장 로드 카(Rod Carr) 박사의 도움에 힘입어 가까스로 중단시킬 수 있었다.

뉴질랜드 언론인 중에는 중국을 취재차 방문할 때 중국 대사관으로부터 비용을 지원받는 경우가 있다. 물론 뉴질랜드 언론이 주요 무역 상대국에 대한 이해를 높이는 것은 좋은 일이지만, 그 비용을 상대국의 다른 누군가가 부담한다면 언론의 독립성과 신뢰도가 무너지고, 비용을 제공한 측에 대한 부채 의식이 발동하게 된다. 뉴질랜드 정부 관계자도 중국을 단기 방문하면서 중국 정부로부터 비용을 지원받는다. 중국이 뉴질랜드 경제에서 차지하는 비중이 워낙 크다 보니 뉴질랜드의 정치인과 공직자들에게는 점점 중국어 구사 능력이 필수 사항이 되고 있다. 그러나 그것 때문에 교육 커리큘럼마저 중국이 좌우하거나, 중국의 심기를 거스르지 않을까 노심초사해서는 안 될 일이다.

2016년에 중국의 영자신문 「차이나데일리」는 페어팩스 미디어와 계약을 맺고 「페어팩스오스트레일리언(Fairfax Australian)」과 여러 뉴질랜드 신문에 중국어 증보판을 간행하기로 했다. 같은 해인 2016년, 뉴질랜드 자연사(Natural History New Zealand, NHNZ) 방송은 중국중앙(CC)TV와 10년간 공동 영상 제작 협약을 맺고 중국중앙(CC)TV의 콘텐츠가 세계시장에도 진출하는 데 협력하기로 했다.[244] 이 두 협약이 맺어지던 당시, 중국 중앙선전부장 류치바오(劉奇葆, Liu Qibao)가 뉴질랜드로 날아와 존 키 총리와 면담했다.[245] 이때 류치바오는 존 키 총리에게 이렇게 말했다. "중국 공산당은 뉴질랜드와 관련해 앞으로도 계속해서 뉴질랜드 국민당과는 물론, 양국 정부간 교류 협력을 강화하고자 합니다. 이를 통해 양국 관계가 건강하고 안정적으로 발전하기를 희망합니다."[246] 5

중국 중심의 전략적 경제블록 구축

뉴질랜드 정부는 오랫동안 보여온 패턴에 따라 중국이 일대일로라는 정책을 꺼내 들었을 때도 신속히 이에 편승했다. 뉴질랜드일대일로추진위원회는 2015년에 발족했다.[247] 뉴질랜드는 서구 국가 중에서는 가장 먼저 일대일로 추진 기관을 설립한 나라다. 뉴질랜드일대일로추진위원회의 회장은 전 와이타케레 시장 밥 하비가 맡

---

5 다만, 이런 비즈니스 관계는 2020년에 뉴질랜드의 자유 언론이 중국의 선전기관으로 전락하는 행태에 대한 비판 여론이 대두되면서 종지부를 찍었다. 그러나 「뉴질랜드 헤럴드」는 중국 공산당 기관지인 「인민일보」와 계속해서 관계를 이어가고 있는 상황이다(키네츠(Kinetz), 2021).

고 있다. 오클랜드 시의회 산하 파누쿠개발(Panuku Development)의 투자 및 국제관계 부문 대표 존 홍(John Hong, 또는 홍창첸(洪承琛))이 일대일로위원회의 최고경영자를 겸한다. 존 홍은 중국의 푸칭(福清)시 당국 및 푸젠(福建)성 정부와 긴밀한 관계를 유지하고 있다.[248] 위원회의 다른 회원들도 대부분 주요 정당과 정부에 속한 중앙 및 지방 정치인들로 구성되어 있다.[249] 이 일대일로위원회는 각종 사업과 문화 교류 프로그램을 통해 뉴질랜드와 중국의 관계가 발전하는 데 크게 기여하고 있다.[250]

2017년 3월, 중국 총리 리커창이 뉴질랜드를 방문했을 때 일대일로창의에 대한 양국 간 양해각서가 체결된 적이 있었다. 이로써 뉴질랜드는 서구 선진국 중 최초로 이 주제에 합의한 나라가 되었다. 리커창의 방문 기간에 오세아니아실크로드네트워크(Oceania Silk Road Network)와 뉴질랜드일대일로재단(New Zealand OBOR Foundation), 그리고 뉴질랜드일대일로싱크탱크(New Zealand OBOR Think Tank) 등이 발족했다. 오세아니아실크로드네트워크는 뉴질랜드 기업들이 오세아니아 지역의 일대일로 프로젝트 기회를 모색하기 위해 설립된 단체로, 야실리뉴질랜드낙농유한회사(Yashili New Zealand Dairy Company)의 최고경영자인 윌리엄 자오(William Zhao)가 대표를 맡았다.[251] 뉴질랜드일대일로재단과 뉴질랜드일대일로싱크탱크는 홍보 전문가 조핸나 코글런(Johanna Coughlan, 그녀의 남편 코너 잉글리시는 뉴질랜드 총리 빌 잉글리시와 형제 간이다.)과[252] 노동당 국회의원 레이몬드 후오가[253] 공동 대표를 맡고 있다.

다만, '재단'과 '싱크탱크' 양쪽 모두 온오프라인을 막론하고 그 존재를 드러낸 적은 없다.

리커창의 뉴질랜드 방문 이후 뉴질랜드일대일로재단은 이 나라의 극히 일부 인사들에게만 비공개로 일대일로를 홍보해왔다.[254] 2017년 5월에 베이징에서 중국일대일로포럼이 열렸을 때, 뉴질랜드 정부는 국민당 대표 피터 굿펠로우와 국회의원이자 뉴질랜드일대일로재단 회원인 양젠을 대표로 파견했다.[255] 당시 뉴질랜드 언론에는 일대일로를 지지하는 내용의 사설과 뉴스가 몇 건 눈에 띄었다. 뉴질랜드일대일로재단은 중국 측과 뉴질랜드 사이에서 가교역할을 담당했다.[256] 즉, 중국국가발전개혁위원회와 건설회사, 사모펀드 회사 등을 중매하고, 여기에 마오리 부족연합(이위(iwi))[257]을 끌어들이는 것이 가장 중요한 일이었다. 이위라고 일컫는 부족연합체는 어업과 삼림업, 통신사업 등 뉴질랜드 주요 기간산업의 통제권을 상당 부분 확보하고 있다(예를 들어 이위의 주체로 결성된 테후아라히티카신탁(Te Huarahi Tika Trust)은 뉴질랜드 3위의 통신회사 투디그리스의 대주주다.[259]) 마오리족은 또 중국이 관심을 보이는 문화 지식과 관련한 권리를 확보하고 있다. 예컨대 뉴질랜드의 전통 약초는 천연 건강식품의 훌륭한 재료가 될 수 있다.

그동안 중국어 언론들은 양대 정당이 뉴질랜드의 일대일로 참여를 보장해야 한다는 뉴질랜드 노동당 의원 레이몬드 후오의 언급을 보도해왔다.[260] 뉴질랜드 노동당은 아직 일대일로에 대해 공식적인 정책을 발표하지 않았다. 노동당이 만약 2017년 총선에서 승리

한다면 권력 균형의 결정권을 쥔 군소정당인 뉴질랜드퍼스트(New Zealand First, 1993년에 창당된 국수주의 노선의 정당으로, 뉴질랜드제 일당으로도 불린다. - 옮긴이)와 연정을 구성할지도 모른다. 뉴질랜드 퍼스트를 이끄는 윈스턴 피터스(Winston Peters)는 뉴질랜드의 일대 일로 프로젝트 참여를 단호하게 반대한다. 즉 노동당과 뉴질랜드퍼 스트가 연립정부를 구성한다면 기존에 뉴질랜드 정부가 채택하고 있는 일대일로 참여 전략을 전면 재검토할 가능성이 크다. 한편 녹 색당은 노동당과의 공조에 동의하고 있으며, 다른 군소정당들은 아 직 공식적인 견해를 밝힌 바가 없다. 그러나 모든 정파는 비록 암묵 적이나마 뉴질랜드가 과연 일대일로에 어느 정도까지 참여할 것이 며, 그것이 경제적 독립과 전략 자산의 통제권에 미칠 영향, 그리고 중국의 막대한 공적 부채에 얼마나 영향을 받을지를 우려하고 있는 것이 사실이다. 따라서 2017년 9월 23일에 치러지는 선거는 뉴질랜 드-중국 관계의 중요한 전환점이 될 것이다. 뉴질랜드가 기존의 정 책을 지속하여 중국과 정치, 경제, 심지어 군사 면에서도[262] 더욱 가까이 다가서는 계기가 될지, 아니면 모종의 조정이 이루어질지 귀 추가 주목된다.

제 6 장

결론

◇◇◇

2017년 6월, 중국 언론은 중국의 소프트파워 세계 순위가 오르고 있다는 소식을 의기양양하게 보도했다. 중국이 소프트파워 순위에서 이탈리아와 같은 25위에 올랐다는 것이었다.[263] 지난 몇 년간 이어진 중국의 눈물겨운 통일전선공작 시도가 효과를 발휘해, 이제 중국이 이른바 '마법의 무기'라는 소프트파워를 통해 외국 정부와 사회의 의사결정에 미치는 영향력은 점점 더 커지는 중이었다. 뉴질랜드 역시 다른 많은 나라처럼 중국의 정치간섭 활동이 거의 포화에 이를 정도로 심해진 데다, 특히 그동안 중국과 관계를 맺어온 패턴이나 이 나라가 보유한 천연자원으로 인해, 뉴질랜드는 가장 극심한 정치 공작 활동을 겪고 있다고 볼 수 있다.

뉴질랜드의 가장 가까운 우방인 호주는 급증하는 중국의 정치공작 활동을 대단히 심각하게 인식하고 있다.[264] 호주는 올해 말까지 해외 국가의 공작 활동을 방지하는 법률을 도입하고, 해외 정치 후원금을 전면 금지할 계획이다(최근 상황을 추가로 설명하자면 호주에서는 이미 관련 법률이 통과됐다).

모든 나라는 외세가 국내 정치에 간섭하는 행위에 대해서 저항을 한다. 중국 정부는 미국을 비롯한 다른 나라가 중국의 국내 정치에 조금만 간섭하는 듯이 보여도 즉각 이를 맹렬히 질책하고,[265] 다른 나라의 국내 문제에 간섭하지 않는다는 것(불간섭내정(不干涉內政))을 외교정책의 중요한 원칙으로 삼고 있다. 하지만 이미 살펴보았듯이 중국 공산당의 통일전선 전략은 언제나 이런 중국의 원칙과는 정반대의 양태를 보여주고 있다.

과거 거대 패권국가의 식민지였고, 지난 60년 동안 또 다른 거대 국가의 그늘에서 살아온 뉴질랜드와 같은 약소국이 외세의 정치 공작에 맞서 자신을 지킨다는 것은 여간 심각한 도전이 아닐 수 없다. 현 정부뿐만 아니라 전 국민의 굳센 정치적 의지가 아니고서는 이를 달성할 수 없다.

뉴질랜드는 이 책에서 언급하는 외세의 공작 활동에 대처하기 위한 법제를 구비하고 있다. 1969년에 제정된 뉴질랜드안보정보법은 뉴질랜드안보정보청에 다음과 같은 임무를 부여하고 있다. 즉, "뉴질랜드를 첩보, 방해, 전복 기도로부터 지켜야 하며, 이런 행위를 주도하거나 모의한 세력이 뉴질랜드 내에 있느냐의 여부와는 상관이 없다. 국제 사회에서 뉴질랜드의 안녕이나 경제적 건전성에 영향을 미치는 뉴질랜드 국내, 혹은 그와 연관된 해외 역량, 기도, 또는 활동을 파악한다. 여하한 해외 조직이나 외국인이 뉴질랜드 국내에서 혹은 뉴질랜드와 관련된 활동에 영향을 미치는 시도로부터 뉴질랜드를 보호한다..." 뉴질랜드안보정보법에서 정의하는 전복 기도란, "뉴질랜드의 국가적 권능을 불법적인 수단으로 무너뜨리기 위한 기도, 선동, 모의, 지지, 또는 고무하는 활동"을 말한다. 뉴질랜드안보정보법에 따라 뉴질랜드안보정보청은 뉴질랜드 정치에 대한 전복 및 외세에 의한 공작 사건이나 외국 기관과 내통하는 행위, 뉴질랜드의 외교, 경제 정책 및 여론에 영향을 미치는 일에 협력하는 행위, 뉴질랜드를 이용해 외국의 주장을 고의로, 또는 은밀히 개진하는 행위에 대처할 권한을 가진다. 그러나 전복이나 첩보로 의심되는 행동이 정당과 관련된 경우, 이에 대한 수사 요구 권한은 오직 뉴질랜드 안보정보청 책임장관에게만 주어진다. 뉴질랜드안보정보청은 정부의 승인 없이는 여타 정당에 위해를 가할 수 있는 어떠한 수사에도 관여할 수 없다. 따라서 뉴질랜드안보정보청의 권한은 정치권의 승인 없이는 결코 발동될 수 없다.[6]

1983년에 제정된 뉴질랜드 선거관리법 제51조 B항에 따르면 뉴질랜드 국회의원은 다음과 같은 사유가 발생했을 때 사임해야 한다. "외국이나 외국의 국가원수, 또는 외세를 향해 선서하거나 충성, 복종, 결탁 등을 맹세, 또는 인정하는 행위로서, 그러한 행위에 따라 (해당 국가로부터) 어떠한 직위를 얻는지와는 관계없다."

뉴질랜드에서 언론 독점 문제를 다루는 기관은 상무위원회(Commerce Commission)다. 그러나 뉴질랜드에는 특정 국가의 공식 정보기관이 협력 협정, 합병, 그리고 핵심 인사 등을 동원하여 언론 환경을 통제하지 못하도록 하는 법률이 아직 마련되지 않았다. 지금까지 뉴질랜드의 언론 경쟁 규제 방안은 주로 소유권과 공공의 이익에 관한 문제에 집중되어있다.

---

6 뉴질랜드안보정보청(NZSIS)은 청장(Director-General)과 더불어 정치권에서는 뉴질랜드안보정보청을 담당하는 책임장관(Minister Responsible)으로부터 감독을 받는다.- 옮긴이

뉴질랜드는 그동안 정치 후원금 보고와 관련하여 지속적인 개혁을 실천해왔지만, 아직 더 많은 노력이 필요하다. 2017년, 페어팩스 미디어(Fairfax media)의 웹사이트 스터프(Stuff)는 정치 후원금의 투명성을 촉구하는 캠페인을 시작했다. 그들이 주장한 내용은 모든 후원자의 신원이 즉각 선거관리위원회에 통보되어야 하며, 만찬이나 경매 행사 등을 매개로 특정 조직이 후원자의 신분을 은닉하는 관행이 종식되어야 한다는 것이었다.[266] 나아가 뉴질랜드는 외국인의 후원을 원천적으로 금지하는 법안의 통과를 검토하고 있다.

뉴질랜드에는 사회참여에 적극적인 지식인이 상대적으로 드물지만, 학계(비평가와 양심적 지식인)는 표현의 자유와 학문의 자유를 법적으로 보장받고 있다. 1989년에 제정된 교육법 제14조는 모든 정부 부처와 기관에 학문의 자유를 보호할 의무를 부과하고 있으며, 1993년에 수립된 인권법 J항에는 모든 국민은 정치적 의사로 인해 차별받지 않아야 한다고 명시되어있다.

중국이 뉴질랜드에서 행하는 정치 공작 활동의 많은 부분은, 그것이 반역이나 뇌물 공여 및 기타 부패 행위가 아닌 한(1961년 범죄법 (Crimes Act)) 법적으로 아무런 제재를 받지 않는다. 이런 행위는 단지 사회적 적절성과 국가안보의 범주에 속할 뿐으로, 이는 언제나 주관적인 판단에 맡겨질 위험을 안고 있다. 뉴질랜드 국회 내각 매뉴얼(Cabinet Manual of the New Zealand Parliament)에 따르면 뉴질랜드 국회의원은 유권자들의 신뢰를 유지해야 하며, 유권자들의 신뢰를 유지하는 것으로 보이게 행동하도록 권고하고 있다. 그러나 그것은 어디까지나 지켜보는 사람의 생각에 달린 문제다. 게다가 이 매뉴얼은 전직 장관이나 그들의 친인척에 대해서는 아무런 의무 사항을 규정하지 않았다.

뉴질랜드안보정보법이 통과된 것은 냉전 시대의 일로, 당시는 뉴질랜드 정치인들이 중국 공산당과 소련 공산당의 통일전선 조직을 매우 경계하며 이들과 멀찍이 떨어져 있던 시절이었다. 뉴질랜드 노동당 총리 노먼 커크(Norman Kirk, 재임기간은 1972년부터 1974년까지)는 통일전선 공작을 크게 염려한 나머지, 뉴질랜드 공산주의 운동권 인사들의 명단을 일일이 관리해가면서 노동당 국회의원들이 자신도 모르게 그들과 어울리거나 통일전선 활동에 가담하지 않도록 단속했다.[267] 그러나 냉전이 종식된 지도 벌써 수십 년이 지난 지금, 뉴질랜드의 고위층 정치인들은 새롭게 전개되는 글로벌 영향력 쟁투(the new global battle for influence)에 대처할 준비는 되어있지 않은 것인지도 모른다. 더구나 소규모 국가일수록 외세의 공작 활동에 특히 취약하다. 뉴질랜드내 기존 언론은 정보 수집 능력이 취약하고 경쟁력도 떨어진다. 뉴질랜드의 고등교육 기관은 규모가 작을 뿐만 아니라, 비록 학문의 자유를 법적으로 보장받고 있다 해도 외부의 압력에 너무나 쉽게 굴복당하고 만다.

뉴질랜드는 뉴질랜드와 중국 사이에 존재하는 정치적 차이점과 여러 난제를 직시해야 한다. 아울러 중국이 우리의 민주정체를 상대로 벌이는 정치 공작 활동의 범위와 그 영향을 철저히 조사해야 한다. 본 논문은 그중에서도 가장 대표적인 사례를 중심으로 살펴본,

예비 성격의 연구 결과다. 뉴질랜드는 호주의 선례에 따라 중국이 정치 공작 활동을 증대하기 위해 크게 압박해오는 현실에 대해서 진지하게 대처하는 편이 좋다. 이를 위해서는 특별위원회를 꾸리든 비공개 조사를 하든 수단과 방법을 가리지 않아야 한다. 지금이야말로 뉴질랜드의 이익을 우선하는 방향으로 양국 관계를 조정해야 할 때인지도 모른다. 호주처럼 우리도 외세에 의한 공작 시도가 사상 최고조에 이른 현실을 반영하여 새로운 법제를 마련해야 한다. 뉴질랜드는 중국과의 경제 및 정치적 관계 개선 방안을 분명히 찾아낼 수 있고, 그럼으로써 여타 서구 국가들의 대중국 관계에 시금석이 되어야 한다.

우리 민주제도에도 역시 '마법의 무기'가 존재한다. 바로 우리 손으로 정부를 선택할 권리, 법치를 통한 권력의 견제와 균형, 상무위원회와 언론위원회 등의 규제 기관, 법적으로 보장되는 학계의 비평과 양심, 표현과 결사의 자유, 그리고 제4의 집단, 즉 전통 언론과 뉴미디어 등이다. 이제 우리가 가진 이 마법의 무기를 사용해야 할 때다.

제 7 장

———

후기:
'마법의 무기,
시진핑 정권하 중국의 정치 공작 활동'

◇◇◇

중국이 뉴질랜드에 정치 공작을 펼친 일이 맨 처음 언론에 대서특필된 것은 2017년 9월이다. 당시 뉴질랜드 언론사인 「뉴스룸(News Room)」과 영국 언론사인 「파이낸셜타임스」는 뉴질랜드 국회의원 양젠이 중국 군사정보 기관에서 15년이나 근무한 전력자라는 사실을 크게 보도했다(제닝스 및 레이드(Jennings and Reid), 2017; 앤더리니(Anderlini), 2017). 그 직후 필자는 '마법의 무기, 시진핑 정권하 중국의 정치 공작 활동(Magic Weapons: China's Political Influence Activities Under Xi Jinping)'(이 책의 논문 형태 첫 번째 발표본)이라는 연구 논문을 발표했다(브래디(Brady), 2017).

필자의 논문이 발표되기 전까지는 뉴질랜드안보정보청(NZSIS)은 중국 공산당의 정치 공작 활동에는 전혀 관심을 두지 않은 채 과거 10년 동안 오로지 대테러 활동에만 집중하고 있었으며, 뉴질랜드 사회 전반에서도 이 문제는 거론조차 되지 않았다. 필자의 논문은 중국 공산당의 이른바 '통일전선공작'이 첩보 활동 및 정치적 전복 기도와 어떤 관련이 있는지를 철저히 추적함으로써 이 분야 연구의 새로운 시작을 알렸다고 해도 과언이 아니다.

논문이 발표되자마자 뉴질랜드와 국제 사회는 곧바로 반응했다(중국 문제에 관한 국회-행정 위원회(Congressional-Executive

Commission on China), 2017). 해설가들은 이 논문을 향해 "파괴적", "충격적", "필독 문서", "중요한 문헌", "바람직한 연구", "역사적 계기"와 같은 수식어를 쏟아냈다(필드(Field); 워커(Walker); 바르메(Barme); 피셔(Fisher); 기터(Gitter); 다이아몬드(Diamond); 이상 모두 2017). 심지어 2017년 뉴질랜드 총선의 주요 이슈이자, 총선 이후 연정을 논의하는 자리에서도 가장 중요한 변수로 대두되었다(워커(Walker), 2017).

2017년 8월, 논문 최종본을 마무리하고 그 결론에 확신을 갖게 되면서, 필자는 뉴질랜드안보정보청과 외무부 고위 관료들에게 필자가 발견한 사실을 경고하기 위해 접촉했다. 그러나 그들은 아무런 응답이 없었다. 필자는 이런 상황이 무척이나 당혹스러웠다. 필자는 필자의 논문을 해외 학계와 동료 교수들에게 보여주면서 대처방안에 대한 자문을 구했다. 저자 워크숍(authors' workshop)이 열리기 하루 전, 필자는 논문을 그대로 공개해야겠다고 결심했다. 필자는 논문집이 정식으로 출간되려면 아직 몇 년을 기다려야 한다는 것을 알았던데다,[7] 뉴질랜드의 상황이 언제 더 악화될지도 모를 일이었다.

---

7 '마법의 무기, 시진핑 정권하 중국의 정치 공작 활동' 논문은 3년 후인 2020년도에 『은밀하게 커지고 있는 권력 : 중국은 어떻게 전 세계의 민주주의를 약화시키고 있는가(Insidious Power: how China undermines global democracy)』라는 책으로 소개되기도 했다. (이 책은 쉬쓰젠(徐斯儉, Hsu Szu-chien)과 마이클 콜(J. Michael Cole)의 공동편집으로, 뉴질랜드, 미국, 캐나다, 스페인, 유럽연합(EU), 대만, 필리핀, 캄보디아 등에 대한 중국의 침투 공작 문제를 다룬 논문들을 모은 것이다. - 옮긴이)

9월 18일, 필자는 필자가 글로벌연구원으로 재직하는 워싱턴DC 소재 우드로윌슨센터의 웹사이트에 논문을 공개했다. 논문에 포함된 정보는 공공의 이익에 관련된 문제였고, 뉴질랜드인이라면 누구나 현재 상황이 얼마나 심각한지 알 권리가 있었다. 외세의 공작 활동은 오직 당사국의 여론이 잠잠하거나 이를 쉽사리 용납할 때만 기승을 부릴 수 있다.

2017년 9월 23일, 뉴질랜드는 총선을 치렀다. 이후 6주간의 협상을 거쳐, 노동당-뉴질랜드퍼스트-녹색당의 연립정부가 출범했다. 신정부는 뉴질랜드가 당면한 대외 정책상의 도전을 일찌감치 알아차리고 있었음을 보여주었다. 외무부 장관 윈스턴 피터스(Winston Peters)는 신정부하에서 "뉴질랜드는 더 이상 호락호락한 상대가 아니다"라고 선언했다(1뉴스(1 News), 2017). 저신다 아던(Jacinda Ardern) 총리는 뉴질랜드가 청렴한 나라라는 평판을 유지해야 한다는 점을 강조했다. 그녀는 뉴질랜드가 대외적 과제에도 능동적으로 대처하겠지만, 동시에 국내 문제도 알뜰히 살필 것이라고 말했다(스쿱(Scoop), 2017). 뉴질랜드 신정부가 발표한 국가안보 방침 중 방첩 분야에는 해킹 공격과 함께 "해외 유래 이주민 사회에 대한 부당한 간섭 시도"를 분명히 언급하고 있다. 뉴질랜드안보정보청(NZSIS)은 총리에게 "공공 안전에 관한 정보를 투명하게 공개할 것"을 제안했다(뉴질랜드안보정보청(NZSIS), 2017, p.10; 총리내각부(Department of the Prime Minister and Cabinet), 2017, p.7). 뉴질랜드에서 "외세에 의한 공작"을 언급할 때, 이는 거의 예외 없이 중국 공산당 정부에 의한 공작을 지칭하는 것이다. 이를 두고 흔히 "뉴질랜드에 있어 중국은 (다른 서구 국가들에 있어) 러시아와 같은 존재"라고 말한다. 그러나 저신다 아던 정부로서는 중국의 해외 공작 문제를 공공연히 거론하는 것은 그리 쉬운 일이 아니었다. 뉴질랜드로서는 중국의 정치 공작 활동에 맞서는 것도 필요했지만, 한편으로는 그런 저항이 경제 보복을 초래하지 않는 방식으로 이루어지는 것도 중요했다. 이런 문제가 있었기 때문에 저신다 아던 정부는 이전 정부의 정책을 무작정 공격만 할 수가 없었다. 한 마디로 정화 대상에는 현 정부의 내부도 포함된다는 뜻으로, 현 정부에 속한 정치인이 중국의 통일전선공작에 연루된 문제를 어떻게 다룰 것인가가 가장 중요한 문제로 대두되었다(CGTN, 2017).

2018년 1월에는 필자의 논문 '마법의 무기'에 포함된 내용이 미국의 인도-태평양 전략에 포함되었다(앨런 이브라히미언 및 도프먼(Allen-Ebrahimian and Dorfman), 2021). 뉴질랜드와 가장 가까운 전략적 우방국인 미국이 이 논문의 출현에 깊은 관심을 보인 이유는, 그 내용이 중국의 정치 공작이 뉴질랜드뿐만 아니라 자국 사회에까지 적용된다는 점을 시사하는 것이었기 때문이다.

2017년 말부터 2018년 중반까지 뉴질랜드 정부 기관들은 중국의 정치 공작 문제를 어떻게 다룰 것인지를 논의했다. 여기서 핵심 문제는 중국과 맞서기 위해 치러야 할 비용이 과연 어느 정도인가 하는 것이었다. 정부 기관은 기본적으로 뉴질랜드가 지켜야 할 것이 과연 국가안보인가, 경제안정인가라는 질문에 대답해야 했다. 그리고 논의 결과, 국가안보라는 방향으로 결론이 났다. 국가안보 없이는 경제안정도 없다. 결국 뉴질랜드가 이 문제에 대처할 것인가가 아니라 어떻게 대처할 것인가가 관건이었다. 2018년부터 저신다 아던 정부는 뉴질랜드-중국 관계를 사안별로 조심스럽게 재조정하기 시작했다. 이후 새로운 입법 과정과 정책 조정 작업이 조용히 이루어졌으며, 그러는 동안에도 이 모든 변화는 "정부는 모르는 일"(해리슨(Harrison), 2019)이라고 발표하거나, 혹은 아예 아무런 언급 없이 넘어갔다. 저신다 아던 정부가 중국의 해외 공작 문제에 대처하기 위해 취한 이 '침묵 전략'은 어쩌면 사안이 워낙 민감하기 때문이었을 수도 있겠지만, 그 결과 그 누구도 뉴질랜드 정부의 조치를 알아차리지 못하거나 과소평가하는 문제점이 있었다.

2021년 5월, 뉴질랜드 최고의 비밀정보기관인 뉴질랜드안보정보청(NZSIS)은 해외로부터의 공작 위험을 국민에게 알리는 획기적인 캠페인에 착수했다(안보요건(Protective Security Requirements), n.d.). 뉴질랜드안보정보청은 그 일환으로 엄청난 양의 문서를 공개했다. 그 문서에는 뉴질랜드인이 "외국의 정보기관을 대신해 일하면서" 뉴질랜드에 거주하는 그 나라 반체제 인사들의 정보를 수집하고, 또 다른 이들은 "외국의 공작 기관과 연계하여" 뉴질랜드의 정계와 재계의 고위 인사를 외국 정부의 꼭두각시 노릇에 끌어들이려 했다는 정황이 모두 폭로되어 있었다(뉴질랜드안보정보청(NZSIS), 2021).

뉴질랜드안보정보청의 유례없는 정보공개 캠페인은 주요 무역 상대국인 중화인민공화국(중공)을 향한 뉴질랜드의 정책에 중대한 변화가 있었다는 신호다. 이런 변화는 하룻밤 사이에 일어난 일이 아니다. 지난 4년간 차근차근 진행되어온 변화의 결과물이다. 뉴질랜드는 중국의 정치 공작에 맞서 자신을 지키면서도 경제 보복을 당하지 않으려는 여타 약소국들을 위해, 마치 탄광 속의 카나리아처럼 위험을 예고하는 역할을 해온 것이다.

회복 전략(resilience strategy)을 공개하다, 2018-2021

호주 정부와 달리, 뉴질랜드의 저신다 아던 정부는 중국의 정치 공작 활동을 특정하여 언급한 적이 없다. 그러나 2018년 2월에 저신다 아던 총리는 뉴질랜드가 "순진하게 행동해서는 안 된다"고 말하면서, 실질적인 형태의 "외국의 공작 활동"에 노출되어있음을 인정했다(라디오뉴질랜드(RNZ), 2018a). 뉴질랜드안보정보청은 2018년 3월에 발간한 2017년 연례보고서를 통해, 뉴질랜드 공식 문서에서는 최초로 "외세에 의한 공작"이라는 단어를 언급했다. 2018년 5월, 윈스턴 피터스 외무부 장관은 "퍼시픽 리셋(Pacific Reset)"이라는 새로운 외교정책 방향을 밝히면서, 이를 통해 남서 태평양 지역에서 뉴질랜드가 누려온 주도권이 중국에 의해 훼손되는 상황을 정상으로 회복하겠다는 의지를 드러냈다(피터스(Peters), 2018b). 저신다 아던의 외교정책 연설은 뉴질랜드의 "독립 외교정책"을 강조함으로써(스몰(Small), 2018; 1뉴스(1 News), 2019) 뉴질랜드가 언제든

패권국가와 의견을 달리할 수 있음을 시사했다. 뉴질랜드 연립정권이 밝힌 외교정책을 보면 원칙에 입각한 국제질서와 지역적 구조, 그리고 무역 다각화 등의 중요성을 수차례나 강조함으로써 대중국 관계의 균형을 재조정할 의지가 분명히 드러나 있다(피터스(Peters), 2018a).

2018년 6월에 뉴질랜드 정부는 '2018 전략 방위 정책 성명서(2018 Strategic Policy State)'를 통해 안보 환경이 불러온 도전을 설명하면서 "세력권"과 "힘이 곧 정의"라는 단어를 다시 언급했다(국방부(Ministry of Defence), 2018). 8월에 뉴질랜드는 외세의 공작에 대한 공작 방어 정보를 공유하는 파이브아이즈 공동 성명서에 동참했다(내무부(Department of Home Affairs), 2018). 2018년 9월, 뉴질랜드는 태평양제도포럼(Pacific Islands Forum) 가입국들과 함께 지역 안보를 위한 '보어선언(Boe Declaration)'에 서명했다. 이 선언은 "외부의 간섭과 강압으로부터의 자유"에 대한 가입국들의 결의를 보여주는 것이었다(태평양제도포럼사무국, 2018).

2018년 10월, 당시 뉴질랜드의 법무부 장관은 물론, 안보정보청(NZSIS)과 정부통신보안국(Government Communications Security Bureau, GCSB) 담당 장관도 겸임으로 맡고 있었던 앤드루 리틀(Andrew Little)은 법무부 특별위원회에 서한을 보내, 2017년 뉴질랜드 총선과 2016년 지자체 선거에 대한 행정 감사가 막 마무리된 시점에 뉴질랜드에 대한 외세의 공작 행위를 추가로 조사하라고 요구했다. 원래 이 조사는 비공개로 처리할 예정이었지만, 막후에서 열띤 토의와 논란을 거친 후 마침내 전 국민에게 투명하게 공개되기에 이르렀다. 2018년 12월, 내각은 뉴질랜드의 국가안보 및 정보에 관한 새로운 우선 사항을 승인했다. 그리하여 외세의 공작이라는 주제가 처음으로 국정의 주요 우선 사항으로 떠올랐다. 그날 이후 뉴질랜드에서 행해지는 외세의 공작 활동에 대처하는 일이 뉴질랜드안보정보청(NZSIS)의 제1순위 과제가 되었다. 물론 일반 국민은 2021년 3월이 되어서야 이 사실을 알게 되었지만 말이다(뉴질랜드안보정보청(NZSIS), 2019).

또 2018년 12월에 정부통신보안국은 뉴질랜드 최대의 통신기업 스파크(Spark)의 5G 네트워크 구축 사업에 중국의 통신회사 화웨이가 참여하려는 것을 국가안보상의 이유를 들어 차단했다. 화웨이는 중국 인민해방군 및 중국 국가안전부와 밀접한 관계를 맺고 있는 회사다. 이 회사의 소유구조를 캐보면 결국 중공 통일전선공작부와 연결된다(헨리 잭슨 소사이어티(Henry Jackson Society, 영국 국제관계 싱크탱크), 2019; 볼딩과 클라크(Balding and Clarke), 2019). 저신다 아던 총리는 5G와 관련된 이 조치가 정부통신보안국에 의해 2013년 통신(도청 능력 및 보안)법의 테두리 내에서 적절하게 이루어진 것임을 열심히 강조했다.

화웨이는 뉴질랜드의 여론 조성에 심혈을 기울여왔다. 그들은 뉴질랜드 언론의 주요 후원자이자 광고주였고, 대학과 싱크탱크에도 상당한 자금을 제공해왔다(해리슨(Harrison), 2019b). 그러나 2019년에 이르러 화웨이는 뉴질랜드 연례 텔레비전 수상식에 대한 후원을 중단했다. 이제 이 상의 주 후원자는 뉴질랜드 정부기관인 뉴질랜드온에어(NZ On Air)로 바뀌었다. 화웨이는 2017년부터 2020년까지 경제 분야 싱크탱크 모투(Motu)의 통신산업 연구를 후원했으나, 이 지원금은 현재 갱신되지 않은 것으로 알려졌다(모투(Motu), 2020).

2019년 2월부터 12월까지, 뉴질랜드 국회는 사상 처음으로 외세의 공작 활동에 대한 조사에 착수했다. 이 조사의 핵심이 중국 공산당 정부의 비밀공작을 밝히는 데 있음은 누가 봐도 명백했다. 그러나 정치인과 공직자들은 한사코 중국이라는 말을 입에 올리지 않았다(키터리지(Kitteridge), 2019b). 안보 기관들은 이례적으로 공개 및 비공개 방식으로 세부 자료를 제공하며 조사에 응했다(키터리지(Kitteridge), 2019a, 2019d). 뉴질랜드안보정보청은 외세의 공작 문제를 다양한 각도로 논의했다. 즉, 사이버 방식을 통한 뉴질랜드 총선 개입, 소셜미디어와 전통 매체를 통한 허위정보 확산, 정치인과 정당에 대한 비밀공작 및 영향력 행사, 선거 자금 제공이나 화교 사회를 향한 외부로부터의 조종 등이 모두 포함되었다(키터리지(Kitteridge), 2019b). 레베카 키터리지(Rebecca Kitteridge) 뉴질랜드안보정보청 청장은 외세의 공작 활동이 "국가 세력과 그들의 프락치를 통한 관계 구축과 기부 활동을 통해 이루어졌다. 이런 활동은 정치계 전반에 걸쳐, 나아가 중앙 및 지역 정부를 불문하고 진행되었다"고 강조했다. 레베카 키터리지는 특정 정당을 언급하지는 않았지만, 뉴질랜드안보정보청은 장차 국가안보에 진지한 관심을 기울이는 후보를 내는 정당은 기꺼이 돕겠다고 말했다(키터리지 (Kitteridge), 2019c).

아울러 2019년에 저신다 아던 정부는 해외투자법을 개정하여 외국인의 뉴질랜드 주거용 부동산 매입을 금지했다. 이런 관행이 정치 자금 세탁에 악용되어온 현실을 우려한 조치였다(물론 다른 요인도 있었다). 저신다 아던 정부는 자금세탁 방지 관련법(2009년 자금세탁 및 테러 자금 방지법)을 개정하여 해외자금 출입 현황에 대한 감시를 강화했다.

2019년 11월, 뉴질랜드 외교관들은 시진핑의 가장 대표적인 정책인 일대일로창의에 대해 중국 측과 처음이자 마지막이 될 토론을 벌였다(사크데바(Sachdeva), 2020b). 2017년 3월, 뉴질랜드는 서구 국가 중에서는 처음으로 일대일로창의 협약에 서명했다. 물론 이 협약은 단지 준비각서일 뿐으로, 향후 5년간 이 문제를 논의한다는 내용이었다(외무부(Ministry of Foreign Affairs and Trade). 2017a). 같은 시기에 오세아니아실크로드네트워크와 뉴질랜드일대일로재단, 뉴질랜드일대일로싱크탱크 등이 발족했고, 이 모두가 뉴질랜드 전현직 정치인들의 주도로 이루어졌다(하먼(Harman), 2016; 제(Ge), 2017). 그러나 뉴질랜드일대일로추진위원회가 마지막으로 공식 발표를 한 것은 2017년 11월로(모드(Maude), 2017), 그 이후로는 위에 언급한 단체 중 그 어느 곳에서도 자취를 드러낸 적이 없다. 뉴질랜드 정부의 일대일로창의 참여는 외교 회담과 회의의 수준을 넘어선 적은 한 번도 없다. 그리고 2019년 현재는 이조차도 완전히 멈춘 상태다(외무부(Ministry of Foreign Affairs and Trade), 2017b).

　2019년 12월, 뉴질랜드 국회에서는 외국인의 정치 기부를 제한하는 새 법안이 긴급하게 통과되었다. 표결은 119대 1로, 복수 정당 간 연정 체제에서는 극히 이례적인 일이었다. 유일하게 나온 반대 의견도 법안의 내용이 충분하지 않다는 것이었다. 필자의 논문 '마법의 무기'가 발표된 이후, 뉴질랜드 국민당이든, 뉴질랜드 노동당이든 중국 관련 인사로부터 거액의 기부금을 받았다는 기록은 전혀 찾아볼 수 없었다(선거관리위원회(Electoral Commission), 2019, 2020b).

　그러나 같은 시기에 두 당 모두 기부자의 이름을 밝히지 않아도 된다는 조건으로 수십만 달러를 받은 적이 있다고 보고했다(선거관리위원회(Electoral Commission), 2020a). 2020년, 중대비리수사국(Serious Fraud Office)은 뉴질랜드 국민당이 중국 공산당 정부의 가장 대표적인 어용 프락치 조직인 차오샨협회(Chaoshan Association)로부터 10만 달러를 기부받고 이를 1만 5,000달러 아래로 신고한 사건에 대해 수사를 착수했다. 공소장에는 사기와 기만, 책략을 동원해 전체 기부금을 이리저리 분산해 1만 5,000달러 아래로 꾸밈으로써 기부자의 신원을 은닉한 혐의가 제기되어 있었다(헐리(Hurley), 2020). 2019년에 중대비리수사국은 또 오클랜드와 크라이스트처치 시장선거에서 중공 통일전선 계열의 익명 기부자로부터 자금을 받은 혐의로 뉴질랜드 노동당의 고위급 리더 필 고프와 리안 달지엘(Lianne Dalziel)을 수사했다. 2017년에 뉴질랜드 언론 복합기업 스터프(Stuff)는 정치자금의 투명성을 촉구하며 모든 기부자가 선거관리위원회에 자신의 신분을 밝히도록 요구했지만(오웬(Owen), 2017), 결국 정치계는 이를 실현할 의지를 발휘하지는 못했다.

2020년에 뉴질랜드 국회는 외세의 공작에 관한 조사를 이어가면서, 이번에는 뉴질랜드의 지방정부에 초점을 맞추었다. 이 조사는 8개월간 지속되었지만, 결국 2020년 총선을 앞두고도 입법상의 아무런 제안을 내놓지 못했다. 앤드루 리틀(Andrew Little)은 만약 자신이 재집권하면 외세에 의한 공작 분야에서 새로운 법안을 통과시키겠다고 약속했다. 2020년 6월 뉴질랜드는 해외투자 심사항목에 국가안보 관련 항목을 포함했다. 9월에는 파이브아이즈 동맹국과 함께 반독점 수사 공조 협정을 체결하여 국경을 초월한 기밀정보 및 증거 공유의 바탕을 마련했다(슈클라(Shukla), 2020).

2020년 10월, 뉴질랜드 정부는 전략물자 목록을 강화하여 수출 대상의 품목이나 노하우 중에서 이 목록에는 포함되지 않으나 경찰이나 군수 물자, 또는 군사 무기로 전용될 수 있는 물품에까지 포괄적 제한 규정을 마련했다(외무부(Ministry of Foreign Affairs and Trade), 2019). '마법의 무기' 논문과 2020년 국회가 수행한 지방 정부에 대한 외세의 공작과 관련된 조사 제출용 보고서에 실린 바와 같이(브래디(Brady), 2020), 중국 공산당 정부는 인수, 합병, 연구비 지원, 교환학생 프로그램 등을 통해 뉴질랜드 기업과 대학으로부터 군사 기술 및 노하우를 습득하려고 시도했다. 실제로 중국의 시도가 성공한다면 뉴질랜드는 바세나르 협정에 따른 전략물자 상호수출

제한 규정을 위반할 우려가 있었다. 정부는 2019년부터 뉴질랜드 대학연합(Universties New Zealand)과 이 문제에 관한 대응 방안을 논의했다. 2021년 3월, 뉴질랜드안보정보청과 뉴질랜드대학연합은 학계와 연구자 대상 외세의 공작 활동 대처방안을 내놓았다. 여기에는 외국의 군사 및 경찰 관련 기술 접근 시도에 관한 내용도 담겼다(안보요건(Protective Security Requirements), n.d.).

그동안 점진적으로, 또 사안별로 진행되어오던 대중국 관계 조정 작업은 코로나-19 전염병 대확산을 계기로 더욱 근본적인 변화를 맞이했다. 주뉴질랜드 중국 대사는 코로나바이러스 확산을 우려한 뉴질랜드의 대중국 국경 봉쇄 조치가, 뉴질랜드와 중국 간 무역, 관광뿐 아니라 "국민 정서"에까지 심각한 영향을 미칠 것이라고 협박했다(1뉴스(1 News), 2020). 2020년 3월에 중국은 뉴질랜드의 개인용 보호구(personal protective equipment, PPE) 수입을 제한했다. 당시는 뉴질랜드에 해당 상품 보유량이 불과 수 주 치밖에 남지 않았을 때였다(스트랭(Strang), 2020; 클라크(Clark), 2020). 그러면서 중국 정부와 화웨이는 아직 자국 5G 네트워크에 화웨이의 참여 여부를 결정하지 않은 나라에도 보란 듯이 대량의 개인용 보호구 물자를 공급했다(자유아메리카방송(Free America Network), 2020).

2020년 6월, 무역장관 데이비드 파커(David Parker)는 중국 시장 탈피에 중점을 둔 무역 재건 장기 전략을 발표했다(파커(Parker), 2020). 뉴질랜드는 코로나19 억제에 성공한 나라를 중심으로 구성된 비공식 연합에 가입하여 국경 재개방에 관한 정보를 교환했다(제라드와 치아로니 클라크(Gerrard and Chiaroni-Clarke), 2020). 뉴질랜드는 호주와 함께 태평양 지역의 소규모 도서 국가들에 코로나-19에 대응하는 효과적인 방안을 지원하기에 나섰다. 이것은 중국이 코로나 백신과 개인용 보호구를 태평양 지역을 향한 정치 공작의 수단으로 삼으려는 시도에 대한 대처 방안이기도 했다(라디오뉴질랜드(RNZ), 2020).

2020년 6월, 저신다 아던은 그동안의 외교적 관례를 깨고 뉴질랜드-중국 비즈니스포럼 연설에서 중국의 대(對) 위구르, 홍콩, 대만 정책을 비판했다. 곧바로 중국 대사의 반박이 나온 것은 충분히 예상한 바 그대로였다(버로우즈(Burrows), 2020). 저신다 아던 정부는 계속해서 신장 및 홍콩에 대한 중공 정부의 탄압에 거침없이 항의했다. 물론 이 정도로는 턱없이 부족하다고 보는 시선도 있지만, 뉴질랜드 정부로서는 1989년 6월 4일 천안문(톈안먼) 사건이 일어난 이래 중국의 인권 상황에 대해 가장 목소리를 드높인 조치였다. 저신다 아던 정부가 중국 정부의 인권 침해를 공식적으로 언급한 것은, 뉴질랜드가 양국 관계의 관심사를 전혀 거리낌 없이 발언할 것이며, 뉴질랜드-중국 관계가 무역을 넘어서는 단계로 나아가고 있음을 시사하는 것이었다.

뉴질랜드의 대중국 정책은 조용하지만 중대한 변화를 거쳐왔고, 그러면서도 뉴질랜드는 경제적으로 어떠한 피해도 입지 않았다. 2021년 양국 간 무역 수준은 이런 변화가 시작된 2018년과 비교해서 같거나 오히려 개선된 부분도 있다. 그러나 대중국 정책에 있어서 이런 점진적 변화, 그리고 조용한 '회복 전략(resilience strategy)' 은, 변화를 거부하는 기득권 세력에 의해 정책적 관성과 저항에 노출될 위험을 안고 있다. 이 글을 쓰는 현재까지도 뉴질랜드 외무부 웹사이트에는 시진핑이 집권하기도 전인 2012년에 존 키 정부가 발간한 '뉴질랜드 기업 대중국 전략(NZ INc China Strategy)'이라는 문건이 올라와 있어서, 마치 이것이 현재 뉴질랜드 정부의 입장인 것 같은 인상을 준다(외무부(Ministry of Foreign Affairs and Trade), 2015). 그러나 여러 차례의 법률 개정과 정부 발표, 정책 변경 등을 보면 지금은 그렇지 않다는 것을 알 수 있다. 저신다 아던 정부는 새로운 범정부 차원의 대중국 전략을 발표해야 한다. 그리고 여기에는 현재 상황을 반영하여 경제와 안보 위험 사이의 균형을 추구하는 방향을 획기적으로 전환하는 내용이 포함되어야 한다.

저신다 아던 2기 정부는 동맹국을 상대로 대중국 정책과 관련하여 몇 가지 실수를 저질렀다. 무역 및 수출성장부 장관 다미엔 오코너(Damien O'Connor)는 호주가 뉴질랜드처럼 "중국을 존중해야 한다"고 말했고(지에지츠(Dziedzic), 2021), 외무부 장관 나나이아 마후타(Nanaia Mahuta)는 뉴질랜드가 호주와 중국 사이에서 중개자 역할을 해야 한다고 제안하기도 했다(가디언(Guardian), 2020)(물론 양국 정부 모두 이 제안을 거부했다). 뉴질랜드는 중국의 공격적인 대내외 정책을 비판하는 국제적 공동 성명에 선별적으로만 참여하다가 동맹국들로부터 싫은 소리를 들어야 했다. 독자적인 외교 노선을 걷는 듯하면서도 한편으로는 조용하게 정책을 조정하는 뉴질랜드를 향해 너무나 영악한 모습을 보인다고 평가하는 비평가들이 많고, 이 때문에 국제무대에서 뉴질랜드의 이미지가 실추되고 있다. 뉴질랜드는 경제면에서의 대중국 의존성을 줄인다는 목표를 세워두고 있다. 그러나 정부는 과거 1980년대 말에 수출업체들의 중국 시장 진입을 위해 노력했듯이, 지금도 그들의 대안 시장 개척 활동을 위해 더욱 적극적인 지원이 절실하다. 저신다 아던 정부가 이끄는 뉴질랜드의 대중국 정책은 소극적 방어 전략을 바탕으로 조용하게 회복력과 저항성을 기르는 방향으로 움직여왔다. '마법의 무기'가 발표된 후 약 4년에 걸쳐 회복 전략은 상당한 발전을 이룩해왔지만, 앞으로도 갈 길은 멀고 해야 할 일은 많이 남아있다.

감사의 말

이 논문의 초고를 검토하고 여러모로 도움을 준 우르술라 치어(Ursula Cheer), 토비 달리(Toby Dalley), 제리 그루트(Gerry Groot), 지창 룰루(Jichang Lulu), 린지 테아투오투 맥도널드(Lindsey Te Atu o Tu MacDonald), 도널드 맷슨(Donald Matheson), 카렌 스코트(Karen Scott), 알렉스 탠(Alex Tan), 제임스 젠화 토(James Jiann Hua To), 제프 웨이드(Geoff Wade)에게 깊은 감사를 드린다.

후주문헌

[1] Damien Cave, '호주 정치는 과도하게 부패한가?(Are Australia's Politics Too Easy to Corrupt?)' New York Times, June 7, 2017,

https://www.nytimes.com/2017/06/07/world/australia/china-foreign-donations-tim-winton-melbourne.html?_r=0

[2] '호주, 중국의 정치 공작에 맞서 싸우다(Australia battles Chinese political influence)' The Economist, June 15, 2017,

https://www.economist.com/news/asia/21723454-it-will-be-uphill-struggle-australia-battles-chinese-political-influence?fsrc=scn/tw/te/bl/ed/australiabattleschinesepoliticalinfluence

[3] ABC Four Corners,

http://www.abc.net.au/4corners/stories/2017/06/05/4678871.htm

[4] http://www.abc.net.au/news/2017-06-05/asio-china-spy-raid/8589094

[5]

https://www.afr.com/opinion/our-universities-are-a-frontline-in-chinas-ideological-wars-20170830-gy74br

[6] "Xinxilan huaren yiyuan Yang Jian: "Zuo hao mei yi jian shi, jihui jiu lai zhao ni"[뉴질랜드 중국계 국회의원 양젠 : 최선을 다하면 기회가 온다(New Zealand Chinese MP Yang Jian: If you do everything well, opportunity will come to you)], Gongren Ribao, August 29, 2013,
http://character.workercn.cn/c/2013/08/29/130829075919750972761.html

[7] 익명의 정보원

[8] Zhao Pitao, Waishi gaishuo [외무백서(Summary of Foreign Affairs)], Shanghai shehui kexue chubanshe, 1995, 166.

[9] V.I. Lenin, 공산주의에서의 "좌익"소아병("Left-wing" Communism, An Infantile Disorder), Moscow: Foreign Languages Publishing House, 1950, 91.

[10] See Anne-Marie Brady, Making the Foreign Serve China: Managing Foreigners in the People's Republic, Lanham, MD: Rowman and Littlefield, 2003; James Jiann Hua To, Qiaowu: Extra-territorial Practices for the Overseas Chinese, Brill Press, 2015; and James Jiann Hua To, "Hand-in-Hand, Heart-to-Heart: Qiaowu and the Overseas China, PhD thesis, University of Canterbury, 2009; 통일전선의 과거와 현재에 관한 더 상세한 사항은 다음을 참조하라. Gerry Groot, "전환기 관리 : 군소 정당 및 조직, 기업 장악을 위한 중국 공산당의 통일전선 공작(Managing Transitions: The Chinese Communist Party, United Front Work, Corporatism and Hegemony)", Abingdon: Routledge, 2004.

[11] Zhao Pitao, Waishi gaishuo, 167.

[12] Zhang Bin, "Deng Xiaoping "dute jiyu lun" zai xin shiqi Zhongguo qiaowu fazhan zhanlüe zhong de jicheng yu fayang," Qiaowu gongzuo yanjiu [Overseas Chinese Work Research], No. 2, (2016), http://qwgzyj.gqb.gov.cn/yjytt/177/2449.shtml

[13] Wang Zhongshen, Duiwai xuanchuan chulun [해외 선전전의 기초 (Introduction to Foreign Propaganda)], Fuzhou: Fujian renmin chubanshe, 2000, 172.

[14] http://www.gqb.gov.cn/

[15] UN Migration Report, 2015, http://www.un.org/en/development/desa/population/migration/publications/ migrationreport/docs/MigrationReport2015_Highlights.pdf.

[16] "Intelligence Services, part 1: Espionage with Chinese Characteristics," Stratfor Global Intelligence, March 2010, 12.

[17] Frederick T. C. Yu, '중국 공산당의 대중 설득(Mass Persuasion in Communist China)' (London: Pall Mall Press, 1964), 70.

[18] "Fu Xinxilan diaoyan hou de xin sikao [뉴질랜드 연구여행 이후에 든 새 로운 생각(New Thinking after Research Trip to New Zealand)] Qiao qing,

no. 11 (March 1, 2004), 2. Qiao qing is an internal publication of the State Council Overseas Chinese Office.

[19] "Fu Xinxilan diaoyan hou de xin sikao" 3.

[20] See "Dazao pinpai huodong, zengjin shaoshu minzu qiaobao dui Zhongguo de liaojie [브랜딩 활동 : 화교 소수 그룹을 대상으로 중국에 대한 이해를 강화하라(Branding activities: Enhance the understanding of ethnic minority overseas Chinese about China)], Qiaoqing, no. 22, (August 14, 2007), 1-16; "Jinnian lai qiaowu dui Tai gongzuo qingkuang [금년도 대만인 대상 화교 공작 상황(This year's situation on overseas Chinese work towards Taiwanese)], Qiaoqing, no. 31 (October 23, 2007), 1-13.

[21] Mark Stokes, "인민해방군 총참3부 2국(The PLA General Staff Department, Third department Second Bureau)" July 27, 2015, http://www.project2049.net/documents/Stokes_PLA_General_Staff_Department_Unit_61398.pdf.

[22] "정보기관, 1부 : 중국인 대상 첩보 활동(Intelligence Services, part 1: Espionage with Chinese Characteristics)"; Peter Matthis, "중국 정보기관을 이해하는 분석 과제(The Analytic Challenge of Understanding Chinese Intelligence Services)", Studies in Intelligence, vol. 56, no. 3 (September 2012), 47-57.

[23]
http://www.theepochtimes.com/n3/968736-chinese-student-spies-overwhelm-us/

[24] RCMP-CSIS Joint Review Committee, "캐나다 내의 중국 정보기관과 삼합회 연계 문제(Chinese Intelligence Services and Triads Financial Links in Canada)" June 24, 1997,
http://www.jrnyquist.com/sidewinder.htm

[25] Anne-Marie Brady and He Yong, "시장을 과장하라 : 중국의 경제 선전(Talking up the Market: China's Economic Propㅍaganda)" China's Thought Management, edited by Anne-Marie Brady, Abingdon: Routledge Publishers, 2011.

[26] See Anne-Marie Brady, "중국의 해외 선전 기관(China's Foreign Propaganda Machine)" Journal of Democracy, October 2015.

[27] Hu Jintao, '중국 특색 사회주의의 기치를 높이 들고 현대 번영 사회 건설을 향해 승리의 길에 나서자(Hold High the Great Banner of Socialism with Chinese Characteristics and Strive for New Victories in Building a Moderately Prosperous Society in All)', Report to the 17th Party Congress, 15 October 2007,
http://www.china.org.cn/english/congress/229611.htm

[28] Joseph Nye, "중국과 러시아가 소프트파워에서 얻을 수 없는 것(What China and Russia don't get about Soft Power)" Foreign Policy, April 29, 2013,
http://foreignpolicy.com/2013/04/29/what-china-and-russia-dont-get-about-soft-power/

[29] Joseph Nye, 미국 패권의 변화하는 속성(Bound to Lead: The Changing Nature of American Power), New York: Basic Books, 1990, 160-166.

[30] Joseph Nye, 'Soft Power', Foreign Policy, no. 80 (1990): 166-171.

[31] Joseph Nye, '소프트파워와 미국의 외교정책(Soft Power and American Foreign Policy)', Political Science Quarterly, vol. 119, no. 2 (2004): 256-259.

[32] Joseph Nye, "중국과 러시아가 소프트파워에서 얻을 수 없는 것(What China and Russia don't get about Soft Power)"

[33] "Zhuan she tongzhan gongzuo lingdao xiaozu zhongyang "da tongzhan" siwei shengji [통일전선 영도소조 : 중공 정치국이 강조하는 통일전선 확대 전략 (United Front Leading Small Group: more emphasis on CCP Politburo's "Big United Front")], Renminwang, July 31, 2015,
http://cpc.people.com.cn/xuexi/n/2015/0731/c385474-27391395.html

[34] See Gerry Groot, "시진핑 정권의 통일전선 확대(The Expansion of United Front Work Under Xi Jinping)" China Yearbook, CIW, 2015; and Marcel Angliviel de Beaumelle, "통일전선공작부 : 국내외에 걸친 '마법의 무기'의 활약(The United Front Work Department: 'Magic Weapon' at Home and Abroad)" China Brief, Volume 17, Issue 11,
https://jamestown.org/program/united-front-work-department-magic-weapon-home-abroad/

[35] 凝聚侨心侨力. "Xi Jinping dui qiaowu gongzuo zuochu chong yao zhishi qiangdiao ningju qiao xin qiao li tong yuan gongxiang Zhongguo meng" [화교 공작을 위한 시진핑의 주요 지침 : 화교를 통일시켜 중국몽을 전파하라 (Xi Jinping's important instructions for the work of Overseas Chinese: Unite the overseas Chinese and share in the Chinese dream)], February 17, 2017, http://news.xinhuanet.com/politics/2017-02/17/c_1120486778.htm

[36] "Xin lao qiao tuan lianghao hezuo" [신구 화교 세대간 협력 강화(Improve cooperation between old and new overseas Chinese groups)], Qiao qing no. 34 (August 23, 2004), 1-7.

[37] https://www.nytimes.com/2017/06/27/world/asia/guo-wengui-china-corruption-xi-jinping.html?mcubz=1

[38] https://twitter.com/kwokmiles/

[39] "Jiaqiang qiaowu wenhua gongzuo" [해외 중국 문화 활동을 강화하라(Increase Overseas Chinese Cultural Activities)], Qiaoqing, no. 16, (May 24, 2005), 1-5.

[40] 1989년 이후 이 단체의 설립에 관한 주요 기록에 관해서는 다음을 참조하라. the Appendix of Nicholas Eftimiades, Chinese Intelligence Operations, Annapolis: Naval Institute Press, 1994,

[41] See Yin Qian, "중국 정부의 제5열과 홍콩의 권력 이양(Beijing's Fifth

Column and the Transfer of Power in Hong Kong)" in Robert Ash, Peter Ferdinand, Brian S. Hook, Robin Porter, eds. Hong Kong in Transition: The Handover Years, London: Palgrave Macmillan, 2000;
http://www.heritage.org/commentary/legion-amateurs-how-china-spies

[42] "Meiguo daxun huaren canzheng liliangzhanlou [중국의 미국 선거 개입 역량이 드러나다(Chinese participatory strength in American elections revealed)], Qiaoqing, no. 51 (December 1, 2004): 1.

[43] http://zt.ccln.gov.cn/xxxjp/yysw/25502.shtml

[44] See Feng Zhongping and Huang Ping, "중국의 전략제휴 외교 : 세계의 변화에 개입하다(China's strategic partnership diplomacy: engaging with a changing world)" European Strategic Partnerships Observatory Working Paper 8, June 2014.

[45] RCMP-CSIS, "캐나다 내의 중국 정보기관과 삼합회 연계 문제(Chinese Intelligence Services and Triads Financial Links in Canada)" June 24, 1997, http://www.jrnyquist.com/sidewinder.htm

[46] RCMP-CSIS, "캐나다 내의 중국 정보기관과 삼합회 연계 문제" June 24, 1997, http://www.jrnyquist.com/sidewinder.htm

[47] 让党的主张成为时代最强音.

[48]
http://news.cctv.com/2017/02/19/ARTINW0o9KU0T6pVPKfV6ODv170219.shtml

[49] "Xi Jinping: Jianchi zhengque fangxiang chuangxin fangfa shouduan tigao xinwen yulun chuanbo li yindao li" [시진핑, 새로운 여론 조성을 위한 정확한 지침과 혁신적 방법을 유지하라(Xi Jinping: Maintain the Correct Direction and Innovative Methods to Improve the Guidance of News Public Opinion)], Xinhua, February 19, 2016,
http://news.xinhuanet.com/politics/2016-02/19/c_1118102868.htm;
and "Laoji zhize shiming chuangxin goujian xiandai chuanbo tixi——xinwen yulun zhanxian guanche luoshi Xi Jinping zong shuji 2·19 jianghua yi zhounian [현대적 통신체계 구축이라는 사명 : 2월 19일 시진핑 총서기의 연설을 신매체에 담아라(Uphold the mission to build a modern communication system – the news media's implementation of Xi Jinping General Secretary February 19 speech)] , CCTV, February 19, 2017,
http://news.cctv.com/2017/02/19/ARTINW0o9KU0T6pVPKfV6ODv170219.shtml

[50] http://news.sina.com.cn/o/2017-08-30/doc-ifykpuuh9583106.shtml

[51] http://politics.people.com.cn/n/2015/0120/c1001-26419175.html

[52] "Guanyu jiaqiang Zhongguo tese xinxing zhiku jianshe de yijian" [중국 특색의 새로운 싱크탱크 건설 강화 방안(Suggestions on the strengthening of the new think tank construction with Chinese characteristics)] Xinhua, January 21, 2015,
http://news.xinhuanet.com/zgjx/2015-01/21/c_133934292.htm
Accessed June 18, 2015.

[53] Peng Guangqian "Yidai yilu" zhanlue gouxiang yu guoji zhixu zhong gou" [중국의 실크로드 전략 개념과 국제질서 재편(China's Silk Road strategic concept and the reconstruction of the international order)], Xinhua, January 9, 2015
http://www.taiwan.cn/xwzx/gj/201501/t20150109_8645599.htm

[54] See Nadège Rolland, "중국의 신 실크로드(China's New Silk Road)" National Bureau of Asia Research," 2017,
http://www.nbr.org/research/activity.aspx?id=531

[55] "Zhuanjia zixunweiyuanhui wei qiaowu gongzuo xianji ance [특별 자문위원회 : 중국 해외 공작에 관한 제언(Special Advisory Council: Suggestions and advice on overseas Chinese work)], Qiaoqing, no. 8 (March 15, 2005), 11.

[56] "Guanyu jiaqiang Zhongguo tese xinxing zhiku jianshe de yijian" [중국 특색의 새로운 싱크탱크 건설 강화 방안(Suggestions on the strengthening of the new think tank construction with Chinese characteristics)] Xinhua, January 21, 2015,
http://news.xinhuanet.com/zgjx/2015-01/21/c_133934292.htm
Accessed June 18, 2015.

[57] http://media.people.com.cn/n1/2016/0108/c401858-28030991.html

[58] See Anne-Marie Brady, 극지대 패권국, 중국(China as a Polar Great Power), (Cambridge University Press/Wilson Press, 2017).

[59]

http://www.ynstc.gov.cn/kjxc/200911060018.htm;
http://www.nzherald.co.nz/nz/news/article.cfm?c_id=1&objectid=11534966

[60]

http://www.radionz.co.nz/news/country/334643/lower-chinese-milk-production-good-for-nz-analyst

[61]

http://www.stuff.co.nz/business/industries/63416295/space-balloon-for-broadband;
http://new-zealand-innovation-awards.idealog.co.nz/tech/2015/02/darling-tech-company-martin-jetpack-wins-chinese-heart

[62]

http://www.radionz.co.nz/news/panama-papers/303356/nz-at-heart-of-panama-money-go-round

[63] See Brady, 극지대 패권국, 중국(China as a Polar Great Power).

[64] http://www.gov.cn/english/2009-07/14/content_1365066.htm

[65] See Anne-Marie Brady, "뉴질랜드와 중국의 공통점과 차이점(New Zealand-China Relations: Common Points and Differences)" New Zealand Journal of Asian Studies, December 2008.

[66] "멀둔의 중국 방문(Muldoon Visit to China)" 18 November 1980, 59/264/11,

NZ Ministry of Foreign Affairs and Trade archives (MFAT); Anne-Marie Brady, "우리가 몰랐던 전쟁, 뉴질랜드, 중국, 그리고 냉전(The War that Never Was, Or, New Zealand, China and the Cold War)" 레닌의 유산이 무너지다. 뉴질랜드의 신냉전 역사(Lenin's Legacy Down Under. New Zealand and the New Cold War History), ed. Aaron Fox and Alex Trapeznik, Dunedin: University of Otago Press, 2004.

[67] See Paul Sinclair (전 뉴질랜드 국제방위군 대장(former head of the NZ Defence Force's International Defence Relations)), "뉴질랜드, 중국과 방위연대를 확대하다(New Zealand Expands Defence Ties with China)", CSS Strategic Background Paper, 2014, http://www.victoria.ac.nz/hppi/centres/strategic-studies/documents/18_New-Zealand-Expands-Defence-Ties-with-China.pdf

[68] http://www.treasury.govt.nz/economy/mei/archive/pdfs/mei-jun17.pdf

[69] https://www.beehive.govt.nz/release/joint-statement-between-new-zealand-and-people%E2%80%99s-republic-china-establishment-comprehensive-

[70] http://www.nzherald.co.nz/nz/news/article.cfm?c_id=1&objectid=11163835

[71] See Anne-Marie Brady, "뉴질랜드와 중국의 공통점과 차이점(New Zealand-China Relations: Common Points and Differences)"

[72] See "뉴질랜드의 대 중국 전략 : 전략적 포괄 제휴 방안(New Zealand's

China Policy: Building a Strategic Comprehensive Partnership)", July 2015,

https://www.victoria.ac.nz/chinaresearchcentre/publications/china-papers/ACRI-NZCCRC-New-Zealands-China-Policy-Building-a-comprehensive-strategic-partnership-July-2015.pdf

이 보고서는 시드니공과대학(UTS)의 호주중국정책연구소(Australia-China Policy Institute)의 의뢰로 작성되었다. 이 연구소는 중국의 호주 내 통일전선공작과 연루된 인물(황샹모)로부터 자금을 지원받아 논란이 된 바 있다. 관련 사항은 "중국의 정치 공작에 맞서 싸우는 호주(Australia Battles Chinese Political Influence)"를 참조하라. The Economist, June 15, 2017,

https://www.economist.com/news/asia/21723454-it-will-be-uphill-struggle-australia-battles-chinese-political-influence?fsrc=scn/tw/te/bl/ed/australiabattleschinesepoliticalinfluence

[73] 빌 잉글리시 총리의 발언을 참조하라. "앞으로도 중국과 강력한 정치적 교류를 이어가고자 합니다. 그것은 그간 성공적으로 이어져 온 양국 간 문화 및 무역 교류의 보호막과 바탕이 될 것입니다." NZ China Council, August 2, 2017,

https://www.youtube.com/watch?v=J5CcyCeFPgk

[74] Audrey Young, "뉴질랜드 외교관, 큰 목소리는 뉴질랜드 방식이 아니라고 말해(Megaphone Diplomacy not the New Zealand way says outgoing Foreign Minister)" New Zealand Herald, April 4, 2017,

http://www.nzherald.co.nz/nz/news/article.cfm?c_id=1&objectid=11831755

[75]

http://www.clearwisdom.net/html/articles/2005/7/14/62895.html;
http://www.scoop.co.nz/stories/HL0707/S00256/dissident-slams-nz-govts-relationship-with-china.htm?from-mobile=bottom-link-01

[76] 미국과 중국 공산당의 관계, 외무부 경찰부(US-Communist China Relations, Department of Police to Department of External Affairs), 6 November 1956, PM 264/2/2 part 7, National Archives of New Zealand.

[77] http://www.chinaembassy.org.nz/eng/xw/t39207.htm

[78] http://www.zhongguotongcuhui.org.cn/hnwtch/dyz/xxl/xxltch/

[79] James To, Qiaowu, 35, 그는 이 논문에서 2009년 리커창이 뉴질랜드를 방문했을 때, 통일전선 계열에 속한 일단의 용병 그룹을 목격했다고 말한다.

[80] http://www.chinaconsulate.org.nz/chn/lsqz/lingshiqianzheng/t1198220.htm

[81]
http://www.oceaniatv.co.nz/video/show.php?itemid=4348;
http://www.chinanews.co.nz/bencandy.php?fid=1&id=356444

[82] http://www.oceaniatv.co.nz/video/show.php?itemid=4348

[83] http://www.520zc.com/article-1850-1.html

[84] 2016년 음력 정월 행사에 참석한 오클랜드 통일전선 조직 인사들을 볼 수 있다. 여기에는 뉴질랜드 노동당 데이비드 컨리프(David Cunliffe)와 필 고프(Phil Goff), 뉴질랜드 국민당의 제이미 리 로스(Jamie Lee-Ross), 그리고 소비자및납세자연합당(ACT)의 데이비드 세이무어(David Seymour) 등의 오클랜드 지역구 국회의원들이 포함되어있다.
http://m.ausnz.net/article_detail.asp?p=community&articleID=2445

[85] 「인민일보」는 중국자선협회와 그 모기관인 쑹칭링재단을 중국 소프트파워를 고취하는 중요한 조직이라고 언급한다.
http://ccn.people.com.cn/n1/2016/0503/c366510-28320966.html

[86]
http://www.936.nz/article/4186/1.html

[87]
http://cnsst.org.nz/files/NZ-Link.pdf

[88]
http://www.chinaqw.com/sp/2017/01-22/123384.shtml

[89]
http://www.chinanews.com/lxsh/2012/03-30/3787099.shtml

[90]
http://www.radionz.co.nz/national/programmes/voices/audio/201816606/dr-x-is-in-the-house!-asian-newcomers-to-local-body-elections

[91]
http://news.sina.com.cn/o/2005-02-25/10075200470s.shtml

[92]
http://www.qb.gd.gov.cn/qwxw/200504270017.htm

[93]

http://www.bjqb.gov.cn/web/static/articles/catalog_2c94968944a9a3100144a9e9c1140014/
article_ff80808145457c1a0145833969ce0062/ff80808145457c1a0145833969ce0062.html

[94]

http://onechina.nz/index.php?page=newsphp&fn_mode=fullnews&fn_id=141.
뉴질랜드 선거제도는 연동형 비례제를 채택하고 있다. 따라서 소수당도 총선에서
표의 균형을 깨는 지위를 차지하는 순간 킹메이커 역할을 할 수 있다. 유권자는 지
역 대표와 지지 정당에 투표할 수 있는 2장의 투표권을 가지게 된다.

[95] 2017년에 케네스 왕은 정당 공천에서 후순위로 밀려난 뒤 소비자및납세자연
합당(ACT)을 탈당했다.
https://www.stuff.co.nz/national/politics/94542326/act-party-list-prompts-
resignation-of-deputy-leader-kenneth-wang

[96]

http://www.yeeyi.com/news/index.php?app=home&act=article&aid=177418

[97]

http://www.chinaconsulate.org.nz/chn/xwdt/t1299385.htm;
http://www.chinaconsulate.org.nz/chn/xwdt/t1299385.htm;
http://www.chinaconsulate.org.nz/chn/xwdt/t1299385.htm

[98]

http://www.chinaconsulate.org.nz/chn/xwdt/t777724.htm

[99]

http://www.zzql.org.cn/shown.asp?id=92

[100]

http://www.noted.co.nz/archive/listener-nz-2005/asian-vote/

[101]

http://www.nzherald.co.nz/nz/news/article.cfm?c_id=1&objectid=11851380

[102] "Xinxilan huaren yiyuan Yang Jian:"Zuo hao mei yi jian shi, jihui jiu lai zhao ni" [뉴질랜드 중국계 국회의원 양젠 : 최선을 다하면 기회가 온다], Gongren Ribao, August 29, 2013,

http://character.workercn.cn/c/2013/08/29/130829075919750972761.html

[103]

https://www.newsroom.co.nz/2017/09/13/46657/national-mp-trained-by-chinese-spies;
https://www.ft.com/content/64991ca6-9796-11e7-a652-cde3f882dd7b;
http://www.bbc.com/news/world-asia-41256914

[104] http://www.nzherald.co.nz/nz/news/article.cfm?c_id=1&objectid=11922025

[105]

https://www.newsroom.co.nz/2017/09/13/46657/national-mp-trained-by-chinese-spies;
https://www.ft.com/content/64991ca6-9796-11e7-a652-cde3f882dd7b;
https://www.newsroom.co.nz/2017/09/14/48025/questions-hang-over-national-mps-vetting

[106] "Xinxilan huaren yiyuan Yang Jian:"Zuo hao mei yi jian shi, jihui jiu lai zhao ni" [뉴질랜드 중국계 국회의원 양젠 : 최선을 다하면 기회가 온다], Huanqiu renwu, August 26, 2013,

http://webcache.googleusercontent.com/search?q=cache:C-EC7SEZKFcJ:paper.people. com.cn/hqrw/html/2013-08/26/content_1300577.htm+&cd=1&hl=mi&ct=clnk&gl=us. 이 기사는 아래에서 쉽게 찾아볼 수 있다. Gongren Ribao, August 29, 2013, http://character.workercn.cn/c/2013/08/29/130829075919750972761.html

[107] "Xinxilan huaren yiyuan Yang Jian: "Zuo hao mei yi jian shi, jihui jiu lai zhao ni," http://character.workercn.cn/c/2013/08/29/130829075919750972761.html; https://www.stuff.co.nz/national/politics/96800358/national-mp-jian-yang-slams- defamatory-claim-he-was-trained-by-chinese-spies

[108] https://jianyang.national.org.nz/about_jian

[109] http://www.arts.auckland.ac.nz/people/jyan024

[110] http://www.nzherald.co.nz/nz/news/article.cfm?c_id=1&objectid=11921843

[111] http://www.toutiaoabc.com/index.php?act=view&nid=333702

[112] https://www.ft.com/content/5bd0d0c6-97a7-11e7-b83c-9588e51488a0

[113] http://www.radionz.co.nz/news/political/339335/national-mp-confirms-he-taught- spies-denies-he-is-one

[114] "총참3부"

https://fas.org/irp/world/china/pla/dept_3.htm

[115] Mark Stokes, "인민해방군 총참3부 2국" July 27, 2015,

https://project2049.net/documents/pla_third_department_sigint_cyber_stokes_lin_hsiao.pdf

[116]

http://www.scoop.co.nz/stories/PA1202/S00217/maiden-speech-dr-jian-yang.htm

[117] "Xinxilan huaren yiyuan Yang Jian:"Zuo hao mei yi jian shi, jihui jiu lai zhao ni,"

http://character.workercn.cn/c/2013/08/29/130829075919750972761.html

[118] "Xinxilan huaren yiyuan Yang Jian:"Zuo hao mei yi jian shi, jihui jiu lai zhao ni,"

http://character.workercn.cn/c/2013/08/29/130829075919750972761.html

[119] "Xinxilan huaren yiyuan Yang Jian: "Zuo hao mei yi jian shi, jihui jiu lai zhao ni,"

http://character.workercn.cn/c/2013/08/29/130829075919750972761.html

[120]

http://www.nzherald.co.nz/nz/news/article.cfm?c_id=1&objectid=11619417;

http://www.stuff.co.nz/national/politics/10391818/Secret-donors-Buck-stops-here

[121]

http://www.nzherald.co.nz/nz/news/article.cfm?c_id=1&objectid=11619417

[122]

http://www.nzherald.co.nz/nz/news/article.cfm?c_id=1&objectid=11619417

[123]

https://www.newsroom.co.nz/2017/09/13/46657/national-mp-trained-by-chinese-spies

[124] "Xinxilan tong cu hui qingzhu xizang bai wan nongnu jiefang jinian ri"
[뉴질랜드 화평통일촉진회, 티베트농민해방기념을 축하(NZ Peaceful Reunification
Council celebrates Tibetan Serf Liberation Day)], Zhongguo toingzuhui wang,
April 1, 2009,
http://www.taiwan.cn/fd/asia_2/fdct/200904/t20090401_859898.htm

[125] 대표적인 사이트를 아래에 예로 들었다.
http://wcm.fmprc.gov.cn/preview/chn/slglgk/t1000609.htm;
http://www.aqtz.gov.cn/index.php/News/show/id/2162.html;
http://www.ahql.org.cn/DocHtml/1/2016/3/1/00002207.html;
http://www.fmprc.gov.cn/web/ziliao_674904/zt_674979/dnzt_674981/qtzt/
ydyl_675049/zwbd_675055/t1447741.shtml

[126]

http://nzchinasociety.org.nz/wp-content/uploads/2014/05/CLW-launch-speech-
Raymond-Huo-update-27-May.pdf

[127]

http://www.zytzb.gov.cn/tzb2010/xw/201705/4b7524b909304f259f374dbe5e43
8c60.shtml

[128]

https://www.newsroom.co.nz/2017/08/06/41393/a-rockstar-and-a-rock-woo-aucklanders

[129]

https://www.yabla.com/chinese-english-pinyin-dictionary.php?define=%E6%92%B8

[130] http://languagelog.ldc.upenn.edu/nll/?p=33759

[131]

http://www.radionz.co.nz/news/national/259686/chinese-president-xi-jinping-visits-nz

[132] http://www.skykiwi.com/e/wap/show2.php?id=242615

[133] http://toutiao.manqian.cn/wz_16MckBEui7b.html

[134] https://twitter.com/Arctosia/status/908261639316692993

[135]

https://www.stuff.co.nz/national/politics/95952896/green-campaign-donors-lead-way-in-fronting-up-with-their-money-amid-calls-for-transparency

[136]

http://www.abc.net.au/news/2017-06-05/asio-warns-political-parties-over-foreign-donations/8590162

[137]

http://www.elections.org.nz/parties-and-candidates/registered-political-parties-0/
party-donations/immediate-return-donation-0-0

[138]

http://www.elections.org.nz/sites/default/files/bulk-upload/documents/national_
party_return_of_donations_and_loans_2015.pdf

[139]

https://www.dpmc.govt.nz/queens-birthday-honours-2015-citations-queens-
service-medal

[140]

www.nzherald.co.nz/nz/news/article.cfm?c_id=1&objectid=10771749+&cd=1&hl=nl&c
t=clnk&gl=uk

[141] http://news.qq.com/a/20160531/016638.htm

[142]

http://www.elections.org.nz/parties-and-candidates/registered-political-parties-0/
party-donations/immediate-return-donation-0-0

[144]

http://www.elections.org.nz/parties-candidates/registered-political-parties/party-
donations/donations-exceeding-30000/returns

[145]

http://www.elections.org.nz/sites/default/files/bulk-upload/documents/national_return_of_donations_and_loans_2014.pdf

[146]

http://www.stuff.co.nz/national/politics/10391841/The-donors-behind-the-closed-gates

[147]

https://www.companiesoffice.govt.nz/companies/app/ui/pages/companies/4136598/tors?backurl=%2Fcompanies%2Fapp%2Fui%2Fpages%2Findividual%2Fsearch%3Fq%3Dnguy%26start%3D%26entitySearch%3D%26addressKeyword%3D%26postalCode%3D%26country%3D%26addressType%3D%26advancedPanel%3D%26roleType%3DDIR%26sf%3D%26sd%3D

[148]

https://www.companiesoffice.govt.nz/companies/app/ui/pages/companies/4136598/directors?backurl=%2Fcompanies%2Fapp%2Fui%2Fpages%2Findividual%2Fsearch%3Fq%3Dnguy%26start%3D%26entitySearch%3D%26addressKeyword%3D%26postalCode%3D%26country%3D%26addressType%3D%26advancedPanel%3D%26roleType%3DDIR%26sf%3D%26sd%3D

[149]

https://www.nbr.co.nz/article/chinese-national-party-donor-emerges-biggest-shareholder-dotcom's-mega-bd-155919

[150] http://finance.sina.com.cn/sf/news/2016-05-31/113731817.html

[151] http://www.scoop.co.nz/stories/BU0312/S00097.htm

[152] http://cnz.chinesetown.co.nz/shopone.php

[153]
http://www.elections.org.nz/parties-candidates/registered-political-parties/party-donations/donations-exceeding-30000/returns

[154]
http://www.ganopoly.com/?p=1976;
http://www.ganopoly.com/?p=1350;
http://www.skykiwi.com/e/wap/show.php?classid=49&id=227929

[155] http://www.weixinnu.com/tag/article/1184967244

[156] http://cnz.chinesetown.co.nz/shopone.php

[157] http://www.fujian.org.nz/

[158] http://www.dskuaiping.com/zhixun/6609.html

[159] http://www.coea.org.cn/xhhy/ls/2017-07-20/detail-ifyihzry3089001.shtml

[160] http://www.nzasianleaders.com/our-members/maggie-chen

[161] http://www.sclf.org/

[162] http://nzca.net/v3/a/bendixinwen/2015/0713/80373.html

[163]

http://www.elections.org.nz/sites/default/files/plain-page/attachments/New%20
Zealand%20National%20Party%20donations%202011.pdf

[164]

http://www.newshub.co.nz/opinion/patrick-gower/opinion-oravidas-56600-golf-
photo-with-john-key-2014032009

[165] http://www.oravida.com/newsdeitails.aspx?id=137

[166]

http://www.elections.org.nz/sites/default/files/plain-page/attachments/national_
party_donations_return_2013.pdf

[167] http://www.nzherald.co.nz/nz/news/article.cfm?c_id=1&objectid=11820377

[168]

http://www.nzherald.co.nz/business/news/article.cfm?c_id=3&objectid=11668372

[169] http://old.chinacourt.org/public/detail.php?id=178405

[170] http://www.xinhushang.org/index.php?m=&c=Index&a=member_info&id=170

[171] http://active.xhs98.com/index_qd.php/index/ddfg#shjj

[172] http://www.fdi.gov.cn/1800000121_68_1023_0_7.html

[173]
http://www.nzcta.co.nz/advice/1646/nzcta-and-shanghai-entrepreneurs-association-sign-strategic-cooperation-agreement/

[174] http://www.nzherald.co.nz/nz/news/article.cfm?c_id=1...

[175] http://www.nzherald.co.nz/nz/news/article.cfm?c_id=1&objectid=11820377

[176]
http://www.stuff.co.nz/national/politics/10002636/Oravidas-30-000-donation-to-National

[177]
http://www.pressreader.com/new-zealand/the-press/20140417/281590943552314

[178]
http://www.elections.org.nz/sites/default/files/plain-page/attachments/national_party_donations_return_2013.pdf

[179]
http://www.elections.org.nz/sites/default/files/plain-page/attachments/NewZealandNationalPartydonations2011.pdf

[180]
http://www.stuff.co.nz/national/politics/10185321/Thanks-very-much-for-the-kind-donation

[181] http://www.hnfo.gov.cn/index.php?m=content&c=index&a=lists&catid=102

[182] http://www.chinanews.com/hr/2011/04-20/2984730.shtml

[183] http://www.nzherald.co.nz/nz/news/article.cfm?c_id=1&objectid=11633335

[184]
https://www.companiesoffice.govt.nz/companies/app/ui/pages/companies/1151040/
directors

[185]
https://www.companiesoffice.govt.nz/companies/app/ui/pages/companies/6041588?
backurl=%2Fcompanies%2Fapp%2Fui%2Fpages%2Findividual%2Fsearch%3Fq%3Dye
+qing%26start%3D%26entitySearch%3D%26addressKeyword%3D%26postalCode%3
D%26country%3D%26addressType%3D

[186]
http://myaunew.weebly.com/20851201102510520204.html;
http://www.chc.org.cn/news/detail.php?id=46814

[187]
http://www.newstalkzb.co.nz/news/politics/chinese-owned-milk-powder-company-
donates-25-000-to-national-party/

[188]
http://www.radionz.co.nz/news/political/303158/mps-were-'salespeople'-for-dairy-
co-labour

[189] http://www.shixunwang.net/article/921621228329/

[190] 제리 그루트(Gerry Groot)의 논문을 참조하라. "전환기 관리 : 군소 정당 및 조직, 기업 장악을 위한 중국 공산당의 통일전선 공작(Managing Transitions: The Chinese Communist Party's United Front Work, Minor Parties, and Groups, Hegemonies and Corporations)" PhD Thesis, University of Adelaide, 1997.

[191]
http://www.aucklandcouncil.govt.nz/EN/AboutCouncil/HowCouncilWorks/Elections/
Pages/candidateelectoraldonationsandexpensessearch.aspx

[192]
http://www.nzherald.co.nz/nz/news/article.cfm?c_id=1&objectid=11713471

[193]
http://www.radionz.co.nz/news/national/313906/goff-denies-hypocrisy-over-
$150k-donation;
http://www.nzherald.co.nz/nz/news/article.cfm?c_id=1&objectid=11712664

[194]
http://www.fuwahgroup.com/index.php?option=com_content&view=article&id=217:lu
xury-waterfront&catid=38&Itemid=292&lang=en

[195] Zhao Pitao, Waishi gaishuo, Shanghai: Shanghai shehui kexue chubanshe, 1995, 167.

[196] Zhao Pitao, Waishi gaishuo, 167.

[197] RCMP-CSIS, "캐나다 내의 중국 정보기관과 삼합회 연계 문제" June 24, 1997,
http://www.jrnyquist.com/sidewinder.htm

[198] http://www.oravida.com/newsdeitails.aspx?id=115

[199] http://cn.oravida.com/ourteam.aspx

[200]
http://www.stuff.co.nz/national/politics/4885018/Inquiry-into-Pansy-Wongs-husband

[201]
http://www.gov.cn/xinwen/2017-07/20/content_5212080.htm;
http://en.cnta.gov.cn/focus/travelnews/201707/t20170724_832937.shtml;
http://www.ebeijing.gov.cn/Government/Mayor_office/OfficialActivities/t1486610.htm

[202]
http://www.newshub.co.nz/home/money/2017/09/john-key-sells-home-to-
offshore-buyer.html;
http://www.nzherald.co.nz/business/news/article.cfm?c_id=3&objectid=11919697

[203]
http://www.huaduholdings.com/Chinese/news/focus/showcompanynews.asp?ID=784

[204]

http://www.stuff.co.nz/the-press/business/the-rebuild/8542525/Chinese-very-interested-in-key-Christchurch-project

[205]

http://www.cpaffc.org.cn/Upload/File/201512/314c49815cf34dfaa94f37e72264c7a5.pdf

[206] http://en.cpaffc.org.cn/content/details19-48206.html

[207]

https://www.nbr.co.nz/article/first-geothermal-power-now-luxury-resort-wanying-he-ch-168079

[208] http://nzchinasociety.org.nz/simon-deng-li-fund/

[209] http://nzchinasociety.org.nz/rewi-alley-friendship-and-exchange-rafe-fund/

[210]

http://nzchinasociety.org.nz/wp-content/uploads/2015/03/Dunedin-Branch-NZCFS-Newsletter-APRIL-2015.pdf

[211]

http://www.communitymatters.govt.nz/Funding-and-grants---Trust-and-fellowship-grants---New-Zealand-Winston-Churchill-Memorial-Trust---2011-2017-Fellows

[212] RCMP-CSIS, "캐나다 내의 중국 정보기관과 삼합회 연계 문제" June 24, 1997, http://www.jrnyquist.com/sidewinder.htm.

[213]
http://new-zealand-innovation-awards.idealog.co.nz/tech/2015/02/darling-tech-company-martin-jetpack-wins-chinese-heart

[214]
http://www.stuff.co.nz/business/93824452/Martin-Jetpacks-thirst-for-funds-delivers-it-to-Chinese-shareholders

[215]
http://www.washingtontimes.com/news/2011/oct/11/chinese-telecom-firm-tied-to-spy-ministry/

[216]
http://www.securityweek.com/pla-concerns-lead-huawei-being-blocked-australia-and-questioned-new-zealand

[217]
http://www.reuters.com/article/us-newzealand-huawei-tech-idUSKBN16S2NZ

[218] https://www.nbr.co.nz/article/telecom-4g-launch-october-ck-138371

[219]
http://www.stuff.co.nz/dominion-post/business/8810165/2degrees-secures-funding-for-4G

[220]
http://www.aerospace.co.nz/news/minister-witnesses-120-million-deal-to-pacific-aerospace

[221]
https://www.stuff.co.nz/business/95585657/customs-charges-pacific-aerospace-for-alleged-unlawful-exports-to-north-korea

[222] See Phoebe Li, A 버추얼 차이나타운 : 뉴질랜드 중국 이주민 사회의 언론환경(Virtual Chinatown: The Diasporic Mediasphere of Chinese Migrants in New Zealand), Leiden: Brill, 2013; Manying Ip, "뉴질랜드의 중국어 언론 : 초국적 전초기지, 걷잡을 수 없는 밀물(Chinese Media in New Zealand: Transnational Outpost or Unchecked Floodtide)" in W. Sun, 미디어와 화교 디아스포라 : 공동체, 소통, 상업(Media and the Chinese Diaspora: Community, Communications, and Commerce), London, New York: Routledge, 2006.

[223] http://money.163.com/13/0902/10/97OS29M000254TI5.html

[224] 예를 들어 CAMG의 뉴질랜드 지국장 스텔라 후(胡杨, Stella Hu)가 휴일에 전화를 걸었다고 동료의 책상을 뒤집어엎은 사건은 유명하다.
http://www.stuff.co.nz/business/75860815/name-suppression-lapses-for-tv-boss-who-smashed-colleagues-desk-with-hammer);
http://chinese.cri.cn/media/video/mtdk/189/20170510/4357.html;
http://gold.hexun.com/2016-07-18/185007191.html;
http://lianghui.people.com.cn/2017/n1/2017/0306/c410899-29126634.html;
http://www.shxiandai.net/index.php?action=list_news&cid=112&pid=107

[225] 전형적인 예로 2015년에 열린 한 회의에서, 오클랜드 중국 총영사가 뉴질랜드의 한 중국어 신문사 대표에게 중국 관련 보도 지침을 내린 적이 있다.
http://www.chinaconsulate.org.nz/chn/gdxw/t1272585.htm

[226] http://www.chnet.co.nz/Html/2017-6-23/News_154198.html

[227]
https://www.companiesoffice.govt.nz/companies/app/ui/pages/companies/4951539/directors;
http://www.bizdb.co.nz/company/9429041089002/;
http://www.reuters.com/investigates/special-report/china-radio/.
중국호주미디어그룹(China Australia Media group)은 오스타그룹(澳星国际传媒集团, AIMG/Ostar/Austar Group)의 장자오칭(姜兆庆, Jiang Zhaoqing, Tommy Jiang)이 경영을 맡고 있다. 오스타그룹은 호주에서 3CW를 비롯한 여러 중국어 매체를 거느리고 있으며, 2008년에 베이징 사무소를 설립했다. 중국에서는 여러 국영 방송국과 협력관계를 맺고 있다. 2013년, 장자오칭은 중국에서 열린 중화전국화교연합회 9차 회의에 참석했다. 이 단체 역시 통일전선 조직 중 하나다. 아울러 산둥에서 열린 제7차 세계중국어언론포럼에도 참석했다. 이 모임은 국무원교무판공실의 후원으로 개최된다. 최근 보도에 따르면 장자오칭은 홍콩 퍼스트퍼시픽(First Pacific, 인도네시아 살림그룹(Salim Group)에 속한 투자 관리 및 지주 회사)과 중국 상하이국유자산감독관리위원회(上海市国有资产监督管理委员会, Shanghai Municipality's State-owned Assets Supervision and Administration Commission) 산하의 동방국제집단(东方国际集团, Orient International Group)을 서로 연결하여 멜버른 사우스뱅크 지구에 주거용 부동산 개발을 기획하고 있다고 한다. 장자오칭은 또 미얀마에서 미얀마 언어로 중국 뉴스를 방송하는 China.com.mm이라는 방송국 개설에 관여하고 있다. 이 사업은 2015년 주미얀마 중국 대사가 시작했다.

[228] http://www.freeviewnz.tv/channel/63

[229] http://radio.skykiwi.com/report/2015-02-15/193476.shtml

[230]
http://www.bjqb.gov.cn/web/static/articles/catalog_2c94968944a9a3100144a9e
9c1140014/article_ff80808145457c1a0145833969ce0062/ff80808145457c1a0145833
969ce0062.html

[231] http://www.gqb.gov.cn/news/2017/0615/42798.shtml

[232] http://radio.skykiwi.com/report/2015-09-09/204419.shtml

[233]
http://www.nzherald.co.nz/business/news/article.cfm?c_id=3&objectid=11889565

[234] http://gb.cri.cn/1321/2012/01/20/1427s3530044.htm

[235]
http://www.chinaconsulate.org.nz/chn/gdxw/t1361136.htm;
http://www.oceaniatv.co.nz/

[236]
http://www.radionz.co.nz/national/programmes/mediawatch/audio/201836854/new-
chinese-channel-with-bold-goals;
http://www.toutiaoabc.com/index.php?act=view&nid=271000

[237]

http://www.skykiwi.com/e/wap/show2.php?id=242990;

http://politics.skykiwi.com/consulate/2014-09-15/185823.shtml;

http://www.toutiaoabc.com/index.php?act=view&nid=335062

[238] Anne-Marie Brady, 시장 독재 : 현대 중국의 선전전과 사상공작(Marketing Dictatorship: Propaganda and Thought Work in Contemporary China), Lanham, MD: Rowman and Littlefield, 2008 Anne-Marie Brady, 마케팅 독재 정권 : 오늘날 중국의 선전선동 및 사상사업(Marketing Dictatorship: Propaganda and Thought Work in Contemporary China), Lanham, MD: Rowman and Littlefield, 2008, 19, 42, 95, 136, 168.

[239] Anne-Marie Brady, 시장 독재 : 현대 중국의 선전전과 사상공작, Lanham, MD: Rowman and Littlefield, 2008.

[240] Zhao Yuezhi, 중국의 미디어, 시장, 민주제도 : 정당의 기본 방침과 핵심 사안 사이(Media, Market, and Democracy in China: Between the Party Line and the Bottom Line), Illinois: University of Illinois Press, 1998.

[241]

http://www.nzherald.co.nz/nz/news/article.cfm?c_id=1&objectid=10127739

[242]

https://home.greens.org.nz/speeches/urgent-debate-exclusion-chinese-journalist-nick-wang

[243] 인터뷰 출처는 다음을 참조하라 :

http://tvnz.co.nz/national-news/chinese-icebreaker-visit-prompts-hopes-nz-gains-in-antarctic-exploration-6219663

[244]

http://chinafilminsider.com/new-zealand-pm-tv-companies-cozy-china-state-broadcaster/

[245]

http://www.radionz.co.nz/national/programmes/mediawatch/audio/201802964/media-deals-to-boost-china's-voice

[246] http://news.xinhuanet.com/politics/2016-05/26/c_1118937977.htm

[247]

http://www.fuwahgroup.com/index.php?option=com_content&view=article&id=195:beijing-delegation-inspects-beijing-based-overseas-chinese-enterprise-fu-wah-s-projects-in-new-zealand&catid=38:news&Itemid=292&lang=en

[248] http://www.chinaqw.com/zhwh/2017/03-10/130635.shtml

[249]

http://news.cctv.com/2017/04/15/ARTIV9vLaw14oERQqnng5uSu170415.shtml

[250] china

http://news.cnhubei.com/xw/2017zt/hbysslydyl/201704/t3817252.shtml

[251] http://www.chinaconsulate.org.nz/chn/xwdt/t1447740.htm

[252]
http://politik.co.nz/en/content/politics/873/English-breaks-with-National-Party-convention-and-endorses-Mayoral-candidate-English-Coughlan-Wellington-Young-Leggat-Mayor.htm

[253] http://chinaplus.cri.cn/news/china/9/20170519/4895.html

[254] http://news.xinhuanet.com/english/2017-04-26/c_136237559.htm

[255] http://en.cccfna.org.cn/article/Newsroom/364.html

[256] https://eng.yidaiyilu.gov.cn/qwyw/rdxw/10244.htm

[257] http://news.cctv.com/2017/04/15/ARTIV9vLaw14oERQqnng5uSu170415.shtml

[258] http://thtt.co.nz/

[259]
http://www.scoop.co.nz/stories/BU1503/S00857/te-huarahi-tika-trust-celebrates-a-successful-year.htm

[260]
http://www.chinesenzherald.co.nz/news/new-zealand/obor-national-vs-labour/

[261]
http://www.scoop.co.nz/stories/PA1703/S00464/nzs-economic-kowtow-to-china-begins.htm

[262] 폴 싱클레어(Paul Sinclair), "뉴질랜드가 중국과의 군사적 관계를 확장한다 (New Zealand Expands Military Links with China)" CSS Strategic Background Paper, 18/2014,
http://www.victoria.ac.nz/hppi/centres/strategic-studies/documents/18_New-Zealand-Expands-Defence-Ties-with-China.pdf

[263] https://news.cgtn.com/news/3d6b7a4e7967444e/share_p.html

[264] http://www.abc.net.au/news/2017-06-05/asio-china-spy-raid/8589094

[265] http://news.china.com.cn/world/2017-06/29/content_41122997.htm

[266]
https://www.stuff.co.nz/national/politics/96106426/fishing-company-talleys-bankrolling-shane-jones-nz-first-campaign

[267] Margaret Haywood, 커크 시대의 일지(Diary of the Kirk Years), Queen Charlotte Sound: Cape Catley Ltd, 1981, p. v

내주문헌

Brady, A-M. (2017) 'Magic weapons: China's political influence activities under Xi Jinping', Wilson Center, 18 September,
https://www.wilsoncenter.org/article/magic-weapons-chinas-political-influence-activities-under-xi-jinping

Sachdeva, S. (2020a) 'Nancy Lu biggest surprise in National list rankings', Newsroom, 8 August,
https://www.newsroom.co.nz/nancy-lu-biggest-surprise-in-national-list-rankings

Kinetz, E. (2021) 'Anatomy of a conspiracy: with COVID, China took leading role', AP News, 15 February,
https://apnews.com/article/pandemics-beijing-only-on-ap-epidemics-media-122b73e134b780919cc1808f3f6f16e8?utm_campaign=SocialFlow&utm_medium=AP&utm_source=Twitter

Jennings, M. and M. Reid (2017) 'Newsroom investigation: National MP trained by Chinese spies', Newsroom, 13 September,
https://www.newsroom.co.nz/@summer-newsroom/2017/12/27/46657/newsroom-investigation-national-mp-trained-by-chinese-spies

Anderlini, J. (2017) 'China-born New Zealand MP probed by spy agency', Financial Times, 13 September,
https://www.ft.com/content/64991ca6-9796-11e7-a652-cde3f882dd7b

Congressional-Executive Commission on China (2017) 'The long arm of China: exporting authoritarianism with Chinese characteristics', hearing transcript, 13 December, Congressional-Executive Commission on China, 2017

Field, M. (2017) Tweet, 17 December,
https://twitter.com/MichaelFieldNZ/status/945849356497838081

Walker, J. (2017a) 'Bombshell report claims NZ leaders in denial over Chinese influence', Australian, 22 September,
https://www.theaustralian.com.au/news/nation/bombshell-report-claims-nz-leaders-in-denial-over-chinese-influence/news-story/5e661e8f891df81dc8dcd1102a57832c

Walker, J. (2017b) 'China casts long cloud over NZ poll', Australian, 21 September,
https://www.theaustralian.com.au/news/world/china-casts-long-cloud-over-new-zealand-poll/news-story/b1a02c5cab34474cd02d2f4d3c0d6da7

Barmé, G-R. (2017) 'The battle for the front', China Heritage, 25 September,
http://chinaheritage.net/journal/the-battle-behind-the-front/

Fisher, D. (2017) 'Space launch from dairy farm after John Key met China's president Xi', New Zealand Herald, 22 September,
http://www.nzherald.co.nz/nz/news/article.cfm?c_id=1&objectid=11925021

Gitter, D. (2017) 'The CCP plants the China dream abroad', The Diplomat, 9 December,
https://thediplomat.com/2017/12/the-ccp-plants-the-china-dream-abroad/

Diamond, L. (2017) 'This sputnik moment', American Interest, 25 December,
https://www.the-american-interest.com/2017/12/15/this-sputnik-moment/

1 News (2017) 'Ardern reaffirms ban on foreign buyers as Winston declares "NZ is no longer for sale"', 1 News, 24 October,
https://www.tvnz.co.nz/one-news/new-zealand/ardern-reaffirms-ban-foreign-buyers-winston-declares-nz-no-longer-sale

Scoop (2017) 'Q+A: Prime Minister-elect Jacinda Ardern', Scoop, 22 October,
http://www.scoop.co.nz/stories/PO1710/S00179/qa-prime-minister-elect-jacinda-ardern.htm

New Zealand Security Intelligence Service (2017) Briefing the Incoming Minister: minister responsible for the GCSB and minister responsible for the NZSIS,
https://www.beehive.govt.nz/sites/default/files/2017-12/GCSB%20and%20NZSIS_0.PDF

Department of the Prime Minister and Cabinet (2017) Briefing to the Incoming Minister for National Security and Intelligence,
https://www.beehive.govt.nz/sites/default/files/2017-12/National%20Security%20and%20Intelligence.PDF

CGTN (2017) 'World's party leaders praise Chinese President Xi's leadership', CGTN, 2 December

Allen-Ebrahimian, B. and Z. Dorfman (2021) 'Newly declassified report lays out U.S. strategy in Asia', Axios, 12 January,
https://www.axios.com/indo-pacific-strategy-trump-administration-china-377b965c-6cf8-4299-a230-c0e869bb4d73.html

Harrison, C. (2019a) 'Chinese media reports "softening" of Huawei 5G ban in NZ', Stuff, 12 November,
https://www.stuff.co.nz/business/117327656/chinese-media-reports-softening-of-huawei-5g-ban-in-nz

Protective Security Requirements (n.d.) 'Protection against foreign interference',
https://www.protectivesecurity.govt.nz/resources-centre/latest-updates/

New Zealand Security Intelligence Service (2021) Annual Report 2020,
https://www.nzsis.govt.nz/assets/media/2020-NZSIS-Annual-Report.pdf

RNZ (2018) 'Ardern "not reading into" Labour's poll surge', RNZ, 20 February,
http://www.radionz.co.nz/national/programmes/morningreport/audio/2018632813/ardern-not-reading-into-labour-s-poll-surge

Peters, W. (2018b) 'Shifting the dial', media release, 1 March,
https://www.beehive.govt.nz/speech/shifting-dial

Small, Z. (2018) 'Jacinda Ardern doubles down on NZ's "independent foreign policy"', Newshub, 2 October,
https://www.newshub.co.nz/home/politics/2018/10/jacinda-ardern-doubles-down-on-nz-s-independent-foreign-policy.html

1 News (2019) 'Jacinda Ardern doesn't rule out Huawei having a future in NZ's 5G network', 1 News, 19 February,
https://www.tvnz.co.nz/one-news/new-zealand/jacinda-ardern-doesnt-rule-huawei-having-future-role-in-nzs-5g-network

Peters, W. (2018a) 'Next steps', speech to Otago Foreign Policy School, 29 June, Scoop, 29 June,
https://www.scoop.co.nz/stories/PA1807/S00015/peters-next-steps-otago-foreign-policy-school-speech.htm

Ministry of Defence (2018) Strategic Defence Policy Statement 2018, Wellington: Ministry of Defence, 2018

Department of Home Affairs (2018) 'Five Country ministerial 2018: official communiqué', Australian Government Department of Home Affairs,
https://www.homeaffairs.gov.au/about-us/our-portfolios/national-security/security-coordination/five-country-ministerial-2018

Pacific Islands Forum Secretariat (2018) 'Forum communiqué', September, 2018,
https://www.un.org/humansecurity/wp-content/uploads/2018/09/49th-Pacific-Islands-Forum-Communiqu%C3%A9.pdf

New Zealand Security Intelligence Service (2019) The 2019 Terrorist Attacks in Christchurch: a review into NZSIS processes and decision making in the lead up to the 15 March attacks, New Zealand Security Intelligence Service

Henry Jackson Society (2019) 'Who owns Huawei?', roundtable transcript, 27 June,
https://henryjacksonsociety.org/members-content/who-owns-huawei/

Balding, C. and D.C. Clarke (2019) 'Who owns Huawei?',
https://papers.ssrn.com/sol3/papers.cfm?abstract_id=3372669

Harrison, C. (2019b) 'Huawei piles pressure on Govt with ads and sponsorship, security expert says', Stuff, 18 April,
https://www.stuff.co.nz/business/112037325/huawei-piles-pressure-on-govt-with-ads-and-sponsorship-security-experts-say

Motu (2020) Annual Report 2019-2020, Wellington: Motu

Kitteridge, R. (2019b) 'Director-General remarks', 11 April,
https://www.nzsis.govt.nz/news/opening-remarks-justice-select-committee-inquiry-into-2017-general-election-and-2016-local-elections/

Kitteridge, R. (2019a) 'NZSIS director-general opening statement to Intelligence and Security Committee', 24 March,
https://www.nzsis.govt.nz/news/nzsis-director-general-opening-statement-to-intelligence-and-security-committee/

Kitteridge, R. (2019d) 'Speech: understanding intelligence', 18 September,
https://www.nzsis.govt.nz/news/speech-understanding-intelligence/

Kitteridge, R. (2019c) 'Director-General remarks', 27 August,
https://www.nzsis.govt.nz/news/director-general-remarks-justice-select-committee-inquiry-into-the-2017-general-election-and-2016-local-elections-august-2019/

Sachdeva, S. (2020b) 'NZ still plotting place in China's Belt and Road', Stuff, 16 June,
https://www.stuff.co.nz/business/300036015/nz-still-plotting-place-in-chinas-belt-and-road

Ministry of Foreign Affairs and Trade (2017a) 'Memorandum of arrangement on strengthening cooperation on the Belt and Road Initiative between the government of New Zealand and the government of China', 27 March,
https://www.mfat.govt.nz/assets/Trade-agreements/China-NZ-FTA/NRA-NZ-China-Cooperation-on-Belt-and-Road-Initiative.pdf

Harman, R. (2016) 'English breaks with National Party convention and endorses mayoral candidate', Politik, 26 June,
https://www.politik.co.nz/2016/06/28/english-breaks-with-national-party-convention-and-endorses-mayoral-candidate/

Ge, A. (2017) 'New Zealand is set for further cooperation with China', China Plus, 17 May,
http://chinaplus.cri.cn/news/china/9/20170519/4895.html

Maude, S. (2017) 'Call for Kiwi ports to join China's "maritime Silk Road"', Stuff, 2 November,
https://www.stuff.co.nz/business/98471273/call-for-kiwi-ports-to-join-chinas-maritime-silk-rd

Ministry of Foreign Affairs and Trade (2017b) 'Proposed overseas travel: Hon David Parker; Report on overseas travel: Hon David Parker', press release, 20 September,
https://www.mfat.govt.nz/assets/OIA/PR-2019-169-MTEG-to-China-bundle-for-release.pdf

Electoral Commission (2019) 'Party donations and loans return for the year ending 31 December 2018: New Zealand National Party',
https://elections.nz/assets/Party-donations-and-loans/2019-returns/national-party-annual-return-2018.pdf

Electoral Commission (2020b) 'Party donations and loans return for the year ending 31 December 2019: New Zealand National Party',
https://elections.nz/assets/Party-donations-and-loans/2020-returns/National-Party-Annual-Return-2019.pdf

Electoral Commission (2020a) 'Party donations and loans return for the year ending 31 December 2019: New Zealand Labour Party',
https://elections.nz/assets/Party-donations-and-loans/2020-returns/Labour-Party-Annual-Return-2019.pdf

Hurley, S. (2020) 'What a High Court judge ordered Jami-Lee Ross to do with SFO documents leak', New Zealand Herald, 11 August, https://www.nzherald.co.nz/business/what-a-high-court-judge-ordered-jami-lee-ross-to-do-with-sfo-documents-leak/TVO7PYMIGDNAVULT5T2T6RZAZU/

Owen, C. (2017) 'Show us the money: donors bankrolling Greens lead way in fronting up to public', Stuff, 20 August, https://www.stuff.co.nz/national/politics/95952896/green-campaign-donors-lead-way-in-fronting-up-with-their-money-amid-calls-for-transparency

Shukla, S. (2020) 'US signs antitrust investigations agreement with Australia, Canada, New Zealand, UK', Jurist, 3 September, https://www.jurist.org/news/2020/09/us-signs-antitrust-investigations-agreement-with-australia-canada-new-zealand-uk/

Ministry of Foreign Affairs and Trade (2019) 'Which goods are controlled', https://www.parliament.nz/en/pb/sc/submissions-and-advice/document/52SCJU_EVI_93630_JU72764/anne-marie-brady-supp-2

1 News (2020) 'Trade, tourism and "people's sentiments" likely to drop dramatically due to NZ travel ban – ambassador', 3 February, https://www.tvnz.co.nz/one-news/new-zealand/trade-tourism-and-peoples-sentiments-likely-drop-dramatically-due-nz-travel-ban-ambassador

Strang, B. (2020) '"It feels like China will turn off tap soon": fears over PPE importation', 17 April, https://www.rnz.co.nz/news/national/414466/it-feels-like-china-will-turn-off-tap-soon-fears-over-ppe-importation

Clark, D. (2020) Interviewed on 1 News,
https://www.tvnz.co.nz/one-news/new-zealand/live-stream-1-news-6pm-weekends

Free America Network (2020) 'Canada and France say donations of coronavirus masks won't influence decisions on Huawei and 5G', April,
https://freeamericanetwork.com/canada-and-france-say-donations-of-coronavirus-masks-wont-influence-decisions-on-huawei-and-5g/

Parker, D. (2020) 'Trade strategy for the recovery from the impacts of Covid-19', 8 June,
https://www.beehive.govt.nz/speech/trade-strategy-recovery-impacts-covid-19

Gerrard, J. and R. Chiaroni-Clarke (2020) 'Covid 19 coronavirus: NZ's chief scientist – when can we re-open our borders?', New Zealand Herald, 31 March,
https://www.nzherald.co.nz/nz/covid-19-coronavirus-nzs-chief-scientist-when-can-we-re-open-our-borders/ZMG7LZFH4ODJH6J6PN5UN53HKA/

RNZ (2020) 'NZ aid to pivot in the age of coronavirus', RNZ, 11 May,
https://www.rnz.co.nz/international/pacific-news/416364/nz-aid-to-pivot-in-the-age-of-coronavirus

Burrows, M. (2020) 'Jacinda Ardern's calling out of China over Uighur Muslims shows New Zealand "won't engage in master-servant relationship" – international relations expert', Newshub, 21 July,
https://www.newshub.co.nz/home/politics/2020/07/jacinda-ardern-s-calling-out-of-china-over-uighur-muslims-shows-new-zealand-won-t-engage-in-master-servant-relationship-international-relations-expert.html

Ministry of Foreign Affairs and Trade (2015) 'NZ Inc China Strategy',
https://www.mfat.govt.nz/en/trade/nz-inc-strategies/nz-inc-china-strategy/

Dziedzic, S. (2021) 'New Zealand trade minister advises Australia to show China more "respect"', ABC News, 28 January,
https://www.abc.net.au/news/2021-01-28/nz-trade-minister-advises-australia-to-show-china-more-respect/13098674

Guardian (2020) 'New Zealand foreign minister offers to help broker peace deal between Australia and China', Guardian, 15 December,
https://www.abc.net.au/news/2021-01-28/nz-trade-minister-advises-australia-to-show-china-more-respect/13098674

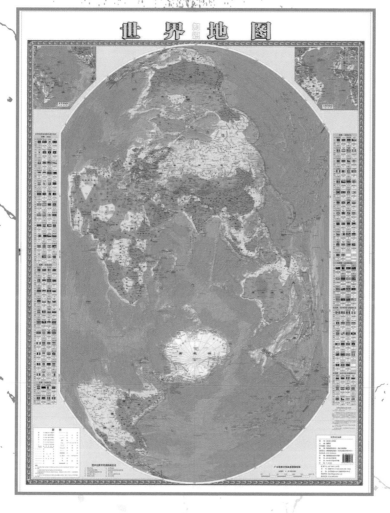

중국 인민해방군 등 중국 공적기관들이 공식적으로 사용하는 세계 지도인 "쑤반씨 지띠투(竖版世界地图)". 중국과학원 측량과 지구물리 연구소 연구원인 하오샤오 광(郝晓光, Hao Xiaoguang)에 의해 제안된 것으로, 현대 지정학의 창시자인 해럴 드 맥킨더(Harold Mackinder)의 개념에서 중국이 '세계섬(World-Island)'의 '심장 지대(heartland)'에 위치하도록 제작되었음을 알 수 있다.

색인

ㄱ

ㄴ

ㄷ

ㄹ

ㅁ

숫자 및 영문

언론사

마법의 무기, 뉴질랜드에 침투한 중국 공산당
시진핑 정권하 중국의 정치 공작 활동

2022년 10월 25일 초판 1쇄 펴냄
2022년 11월 1일 초판 1쇄 찍음

저 자   앤-마리 브래디
번 역   김동규
편 집   요시다 켄지, 황의원

디자인   미디어워치
발행인   황의원
발행사   미디어워치

ISBN   ISBN 979-11-92014-06-7
          ISBN 979-11-959158-4-2 (세트)

주소   서울특별시 마포구 마포대로 4길 36, 2층
전화   02-720-8828
팩스   02-720-8838
이메일   mediasilkhj@gmail.com
홈페이지   www.mediawatch.kr

값 15,000원